Peter Landgraf   Sommer in der Antarktis

Peter Landgraf

Sommer in der Antarktis

Erlebnisse auf einer Kreuzfahrt

Herstellung und Verlag: Books on Demand GmbH, Norderstedt
Printed in Germany

Text, Fotos, Karten und Umschlaggestaltung: Peter Landgraf
Internet: www.peterlandgraf.de
Bild der Crisitna Calderón mit Genehmigung von Ingrid W. Gaa

ISBN   9 783837 029000

Die Deutsche Bibliothek verzeichnet diese Publikation in der Deutschen National-
bibliografie; detaillierte bibliografische Daten sind im Internet abrufbar über
http://dnb.ddb.de

Inhalt

Nichts konnte uns aufhalten

Am 23. November 2007 versank um 19 Uhr Ortszeit das Motorschiff Explorer II in den eisigen Fluten des Antarktischen Meeres – sechs Wochen vor unserer Abreise. Zwölf Stunden vor dem Untergang ging erstmals eine Nachricht über den Äther um die Welt, die aufhorchen ließ. „Das Kreutzfahrtschiff Explorer II rammte in der Nacht westlich der Südshetlandinseln einen Eisberg, treibt führungslos und mit Schlagseite in der antarktischen See und sendet SOS."

An Bord befanden sich 154 Passagiere – 91 Touristen, 9 Reiseleiter und 54 Besatzungsmitglieder. Der Kapitän ordnete in den Morgenstunden die Evakuierung des Schiffes an. Nur er und der Erste Offizier blieben an Bord. Alle anderen Passagiere begaben sich in die Rettungsboote, Zodiacs und Rettungsinseln, wo sie mehrere Stunden bei Temperaturen unter dem Gefrierpunkt und feuchtkalter Luft aushalten mussten.

Die MS Nordnorge und das Forschungsschiff Endeavour erreichten als Erste die Unglücksstelle, nahmen die Passagiere und die Crew auf und brachten sie auf King George Island auf den chilenischen und argentinischen Forschungsstationen Eduardo Frei und Jubany an Land und in Sicherheit.

„Drama im Ewigen Eis" und „Drama auf eisiger See" titulierten am Tag darauf die Zeitungen ihre Berichte. Noch ehe die Druckerschwärze trocknen konnte, war die MS Explorer II gesunken.

Einen Tag später wurden die Geretteten nach Punta Arenas auf das südamerikanische Festland geflogen.

Am 29. Dezember 2007, eine Woche vor der Abreise, ereignete sich eine weitere Havarie. Die norwegische MS Fram wurde auf Grund eines Motorschadens manövrierunfähig. Ein heftiger Wind trieb das Schiff gegen einen Eisberg vor Browns Bluff. Die 247 Passagiere und 71 Besatzungsmitglieder kamen mit dem Schrecken davon. Die Motoren konnten wieder in Gang gebracht werden und die Fram steuerte zur Schadensprüfung die chilenische Militärbasis auf King George Island an.

Trotz dieser beiden Unglücke ließen wir uns nicht von der Absicht abbringen, selbst auf große Fahrt zu gehen. Wir blieben für unsere eigene Reise zuversichtlich.

*

Die Liste der Seefahrer ist lang, die im Auftrag ihrer Könige oder auch insgeheim auf eigene Faust nach dem sagenumwobenen Süd-kontinent suchten. Nach Terra australis incognita. Ferdinand Magel-lan kreuzte 1520 durch unbekannte Meere südlich des Äquators, Francis Drake 1578, Abel Tasman 1642 und James Cook 1772, um nur die bekanntesten Kapitäne zu nennen. Ihre Namen gebieten Ehr-furcht. Die Leistung dieser Männer und ihrer Mannschaften war un-vorstellbar und doch erfolglos – soweit es sich um die erhoffte Ent-deckung des Südlandes handelte. Denn mit dem kargen Australien gaben sie sich nicht zufrieden.

Zur Zeit der griechischen Klassik, also etwa 500 bis 400 v. Chr., konnte von Athen aus der südliche Sternenhimmel großteils eingese-hen werden. Die Astronomen nannten ein entferntes Sternbild Ken-taur, nach jenem sagenhaften Wesen mit menschlichem Oberkörper und Pferdeleib. In seinen Hinterbeinen verbergen sich vier Sterne, die das so genannte Kreuz des Südens bilden, dessen Mittelachse zum Südpol zeigt. Ptolemäus und andere Wissenschaftler der damaligen und späteren Zeit vermuteten dort, grob gesagt in südlicher Richtung, einen geheimnisvollen Kontinent, der – als Gegengewicht zur be-kannten nördlichen Landmasse – die Erde im Gleichgewicht hält.

Wer das Kreuz des Südens heutzutage sehen will, muss weit nach Süden bis zum Wendekreis des Krebses reisen. Die Pendelbewegung der Erdachse, die Präzession genannt wird, veränderte die Lage der Erde zur Sonne und damit auch die Sicht auf die Sterne.

Mehr als zweitausend Jahre sollten vergehen, bis der vermutete Kontinent endlich aufgefunden wurde. Gleich drei Nationen nehmen für sich in Anspruch, das geheimnisvolle Südland entdeckt zu haben. 1819 sichtete ein englischer Handelskapitän – vom Sturm nach Süden abgetrieben – die Südshetlandinseln, die von Kapitän Bransfield 1820 für die englische Krone in Besitz genommen wurden. Im gleichen Jahr stieß der Amerikaner Palmer auf noch südlichere Inseln und auch der zu dieser Zeit für Russland in den eisigen Gewässern kreuzende Kapitän von Bellingshausen fühlte sich als Entdecker. Außer Zweifel steht, dass schließlich der Norweger Henryk Bull als Erster das Antarktische Festland bei Kap Adare 1895 betrat. Gold und Silber fand er dort nicht vor – nur Eis und nochmals Eis.

Ein Wettlauf der Nationen und Wissenschaftler begann. Der Norweger Roald Amundsen erreichte als Erster 1911 den Südpol. Ein halbes Jahrhundert später begann die Vermarktung der Eiswildnis. Der erste Nichtwissenschaftler kam 1966 und 1971 kreuzte das erste Touristenschiff durch die Inselwelt der Antarktis in Sichtweite von Treibeis, Eisbergen und dem mächtigen Eisschelf.

Mehrfach bereiste ich in den vergangenen Jahrzehnten die Kontinente unserer Erde. Am liebsten auf eigene Faust und gemeinsam mit meiner Frau. Auf Reiseveranstalter und organisierte Touren griff ich nur dann zurück, wenn die politischen oder auch geographischen Umstände dies ratsam erscheinen ließen. Eine Reise zum sechsten Kontinent, in die Antarktis, ist individuell kaum durchführbar. Wer dort hin will, muss an einer organisierten Reise teilnehmen.

Kenner dieser letzten nahezu unberührten Region der Erde empfehlen, eine Reise auf einem ehemaligen Forschungsschiff durchzuführen, das zu einem Expeditions-Kreuzfahrtschiff umgebaut wurde. Einen verstärkten Rumpf sollte das Schiff besitzen und in die Eisklasse 1A eingestuft sein. Leider fahren diese Schiffe nicht zu der von uns geplanten Reisezeit oder auf Routen, die nicht unseren Vorstellungen entsprechen. Und der Umbau zu einem Passagierschiff ist noch kein Garant für gutes Gelingen, wie das Schicksal der Explorer II zeigte. So nehmen wir mit der MS Vistamar vorlieb. Mit 121 m Länge und 7.500 BRT ist sie nicht allzu groß und für Expeditionsreisen in arktischen Regionen durchaus geeignet.

Richtig, es handelt sich um eine Expeditionsreise. Die Route der Überfahrt von der südlichsten Spitze Amerikas durch die Drakepassage bis zur Antarktischen Halbinsel wird von den Launen der bewegten See und den aufkommenden Wettern und Stürmen abhängen.

9

Das trifft auch auf die geplanten Anlandungen und den möglichen Kurs zwischen den vorgelagerten Inseln und durch die zahlreichen Wasserstraßen zu. Angedacht sind Besuche der Forschungsstationen Almirante Brown und Jubany und der Inseln und Buchten Melchior Island, Cuverville Island, Deception Island, Half Moon Island und Hope Bay.

„Je nach Wetterlage und Eisbedingungen entscheidet der Kapitän über die bestmöglichen Alternativen." Diese Aussage des Reiseveranstalters ist eindeutig.

Am Ende der Welt?

Der vom Fernsehen bekannte Journalist Klaus Bednarz bereiste Patagonien, Feuerland und die Fjorde Chiles bis zum Kap Hoorn. Seinem lebendigen Bericht gab er den Titel „Am Ende der Welt".

Nach einem langen und durch nicht endende Zwischenaufenthalte anstrengenden Anflug beschleicht auch mich nach der Landung das Gefühl, am Ende der Welt angekommen zu sein. Hier, wo die eigentliche Reise beginnt, endete jene von Klaus Bednarz – in Punta Arenas in Chile.

Die örtliche Agentur Tourismo Cocha übernimmt den Transfer zum Hafen. Vilenska vermittelt dabei auf dem Weg einen kleinen Einblick in die noch junge Geschichte der Stadt. Ihre heitere Art ermuntert zum Zuhören. Die Müdigkeit schwindet und die Lebensgeister kehren zurück. Auf den Hinweis, dass ihr Name so gar nicht spanisch klingt, berichtet sie stolz von ihrer kroatischen Abstammung. Ihre Familie lebt in vierter Generation in Patagonien.

Eine fast geschlossene Wolkendecke bedeckt den Himmel. Ab und an schickt die Sonne spärliche Strahlen zur Begrüßung. Der Wind weht leicht aus westlicher Richtung, so als wolle er die Neuankömmlinge nicht gleich am ersten Tag erschrecken. Mit 13 ° C ist die Lufttemperatur für die hiesigen Verhältnisse angenehm mild.

7. Januar
Zur Mittagszeit gehen wir an Bord, belegen die Kabine, nehmen einen kleinen Imbiss im Restaurant ein und erkunden anschließend das Schiff. Von Achtern aus beobachten wir, wie der Schlepper Aguila III mühelos die MS Vistamar kurz nach 3 Uhr nachmittags vom Kai zieht und aus dem Hafen bugsiert. Ganz unspektakulär nimmt das Schiff Fahrt auf. Es schlägt auf der Magellanstraße südlichen Kurs ein, hin zur Engstelle zwischen der Peninsula de Brunswick und der Isla Dawson.

Eine Durchsage ruft alle Passagiere an Deck. Nach den internationalen Bestimmungen muss nach dem Auslaufen eine Seenotrettungsübung durchgeführt werden. Wir treffen mit den anderen auf dem zugewiesenen Musterplatz 2 auf dem Almeria Deck ein. Alle tragen signalrote Schwimmwesten, nehmen Aufstellung in Reih und Glied und lauschen den Anweisungen. Als wichtige Information nehme ich mit, dass die für die Gruppe 2 bestimmten Rettungsboote auf der Steuerbordseite hängen.

Der Spanier Magellan entdeckte die nach ihm benannte Passage durch die Inselgruppen im Süden des amerikanischen Kontinents. Ein schneller und sicherer Weg war gefunden, der den Atlantik mit dem Pazifik verband. Die mögliche Umsegelung des stets vom Sturm gepeitschten Kap Hoorns war zu dieser Zeit noch nicht bekannt.

Zur Rechten liegen die Ausläufer von Patagonien. Die Onas, auch Selk'nam genannt, und die Tehuelche lebten einst hier im tiefen Süden Südamerikas. Die halbnomadischen Indianer zogen jagend über die Pampa, streiften durch die Wälder und erlegten Guanakos. Neben Pfeil und Bogen und Speeren benutzten sie auch eine Art Lasso mit Kugeln aus Stein als Gewicht zum Einfangen der Guanakos. Die Spanier gaben diesen Wurfkugeln den Namen Boleadoras.

An die großen Abdrücke ihrer in Felle gewickelten Füße erinnert die Bezeichnung Patagonien für diesen Landstrich.

Jenseits der Magellanstraße, zur Linken des Schiffes, bevölkerten Onas und Haush den Küstensaum. Ihre Lagerfeuer auf der Insel am anderen Ufer standen Pate für den Namen Feuerland: Am Tag stieg der Rauch über den Wäldern auf, in der Nacht schimmerte ihr Lichtschein über die bewegte See.

Die kleine Stadt Porvenir, die dort errichtet wurde, liegt im Dunst verborgen.

Die MS Vistamar nähert sich dem Kap der Halbinsel Brunswick. Ich stehe auf dem Sonnendeck über dem Bug an der Reling. Sanft fällt rechts die leicht bewaldete Landspitze zur Magellanstraße hin ab. Sie ist das südlichste Ende des amerikanischen Festlandes.

Aber Südamerika reicht noch viel weiter südlich und östlich in den Pazifik hinaus. Die Andenkette, die in Kolumbien beginnt, durch Peru und Chile führt, zerfällt an ihrem südlichen Ende in ungezählte Inseln, die Fjorde bilden und von Kanälen durchdrungen sind.

Die Magellanstraße zweigt hinter Brunswick nach Nordwesten ab. Das Schiff nimmt jedoch weiter Südkurs, direkt auf die majestätische Bergwelt zu. Der Himmel lichtete sich am Spätnachmittag. Die wärmenden Sonnenstrahlen werden von allen an Deck begrüßt, die mit Kameras und Ferngläsern bewaffnet das von Schnee und Eis bedeckte Bergpanorama bewundern. Die MS Vistamar fährt in den Magdalenakanal ein. Direkt vor dem Bug erhebt sich der Monte Sarmiento mit 2.235 m Höhe über NN.

Der Kapitän erwartet in der Nacht einen Sturm. Er hatte deshalb die Abfahrt von Punta Arenas um vier Stunden vorgezogen. Wir mussten auf den geplanten Rundgang durch die Innenstadt und über die Plaza des Armas verzichten. Dafür können wir im Abendlicht das Schauspiel der am Schiff vorbeiziehenden Bergketten und einen von bedrohlichen Wolken durchkreuzten Sonnenuntergang bewundern.

Magellanstraße

Seit zweiundvierzig Stunden sind wir inzwischen auf den Beinen. Die „Augenpflege" im Flugzeug war kaum der Rede wert. Schlaf fehlt. Wir sind beide sehr müde und gehen früh zu Bett. Ich schlafe sofort tief ein.

Irgendwann beginne ich zu träumen, ich sei in einem Vergnügungspark und würde, wie in einer Achterbahn, durch Berge und Täler eines Safariparks fahren. Auf und ab. Kurz nach rechts und dann nach links. Wieder auf und ab. Nochmals Kurven. Ich werde hin und her gedrückt. Plötzlich wache ich auf. Das Schiff schlingert und stampft. Die MS Vistamar ließ die chilenischen Fjorde über den Cockburnkanal hinter sich und steuert über den offenen Pazifik inmitten eines

Sturmtiefs die Passage zum Beaglekanal an. Auf der Seite liegend und mit dem Gesicht in Fahrtrichtung fühle ich mich einigermaßen wohl und kann trotz des Schwankens wieder einschlafen.

8. Januar

Noch in der Nacht verlässt das Schiff die offene und raue See, um vor Sonnenaufgang die ruhigeren Gewässer des Ballenerokanals zu erreichen. Im Halbschlaf nahm ich davon Notiz. Das Schiff gleitet wieder sanft dahin.

Kurz vor 7 Uhr verkündet eine Lautsprecherdurchsage die Einfahrt in den Beaglekanal – ein erster Höhepunkt der Reise steht bevor. Ausgeschlafen gehe ich an Deck. Das Wetter hat sich beruhigt. Die Sonne scheint. Ein wunderbarer Morgen.

Charles Darwin befuhr 1831 diese sich zwischen den Bergen windende Meeresstraße. Sie wurde in die Land- und Seekarten mit dem Namen seines Schiffes eingetragen – Beaglekanal.

Dieser erstreckt sich zwischen der Südküste der Insel Feuerland und der chilenischen Inselkette, die bei Kap Hoorn endet. Die Berghänge rechts und links sind zum Greifen nahe. Dichte Wälder bedecken die küstennahen Hänge. Darüber herrscht ewiger Winter. Die Sonne gleißt in den Schneefeldern. Zerklüftete Gletscher schieben ihre Zungen bis zur Wasserstraße hinab, auf der frisch gebrochene Blöcke treiben. Aus bereits zurückgewichenen Gletschern stürzen gewaltige Wasserfälle zu Tal. Die Felspartien rechts und links glänzen. Sie wurden über die Jahrtausende vom Eis blank geschliffen.

Der Garibaldigletscher imponiert als Erster auf dieser traumhaften Passage. Ein Raunen geht beim Anblick der gewaltigen Eismassen durch die Passagiere, die sich an Deck drängen. Nicht nur die höchste Erhebung, der 2.467 m hohe Monte Darwin, wurde nach dem berühmten Forscher benannt. Der ganzen Gebirgskette gab man seinen Namen: Cordillera Darwin.

Vögel umkreisen das Schiff. Im Aufwind gewinnen sie rasch an Höhe. Unvermittelt stürzen sie hinunter und gleiten dicht über der Wasseroberfläche, um nach Beute Ausschau zu halten. Möwen und Sturmvögel sind darunter. Kormorane erkenne ich. Enten schrecken auf und lassen sich schon kurz darauf wieder nieder. „Ein Kondor",

14

ruft eine aufmerksame Beobachterin. Angespannt blicken alle nach oben. Hoch über dem Schiff zieht er seine Kreise.

Monte Darwin

An den Nordhängen, die in der südlichen Hemisphäre im Licht der wärmenden Sonne stehen, wachsen die Wälder dichter. Auf den U-ferbänken ruhen einige Seelöwen. Sie wurden einst von den Ureinwohnern dieser Region gejagt. Die Yámana, wie sie sich nannten, zogen als Kanunomaden durch die Kanäle. In vom Wind abgelegenen Buchten suchten sie Schutz. Kleine Rundhütten aus langen Ästen, die sie mit Grasbüscheln, Laub und Erde abdichteten, dienten ihnen als Unterkunft.

Gegen Mittag öffnet sich auf der Backbordseite, in Fahrtrichtung links, eine große Bucht. Eingerahmt von einem Gebirgszug kommt Ushuaia in Sicht. Die südlichste Stadt der Welt.

Auf Rede liegen mehrere Schiffe. Eines ist die MS Fram, die nach ihrer Havarie mit einem Eisberg im Antarktischen Meer hier zur Reparatur vor Anker ging. Der Zusammenstoß hinterließ große Dellen an der Seitenwand und den Aufbauten. Schleifspuren sind im Farbanstrich zu sehen. Ein Rettungsboot und Aufhängungen wurden abgerissen. Bis auf weiteres wurden alle Kreuzfahrten abgesagt. Eine teure Angelegenheit.

Während die MS Vistamar am Kai festmacht, verlässt das Kreuzfahrtschiff MS Discovery den Hafen von Ushuaia mit Kurs Antarktis. Heute Abend werden wir ihr folgen. Doch zuvor gehen wir an Land.

Weit entfernt von der Hauptstadt Buenos Aires gründete die argentinische Regierung Ende der 1880-er Jahre in der entlegenen Bucht Ushuaia auf Feuerland einen Militärstützpunkt und nach der Jahrhundertwende eine Strafkolonie. Eine Walfanggesellschaft und Fischerei-betriebe errichteten Stützpunkte. Siedler kamen. Arbeitsuchende und Freibeuter tauchten auf. Händler eröffneten Geschäfte. Schaffarmer und Großgrundbesitzer bauten hier Jahre später ihre Stadthäuser. Den Namen der Bucht übertrug man auf die Stadt.

Aus dem Gefängnis wurde inzwischen ein Museum. Die Stadt wuchs auf 60.000 Einwohner an. Einige nüchterne Betonburgen sind zu sehen, von denen sich die alten Holzhäuschen in leuchtend bunten Farben wohltuend abheben. In der Hauptstraße San Martin und rechts und links davon blinken aufreizend farbige Reklameschriften. Trotzdem kann vom Charme einer Stadt nicht gesprochen werden.

Zum Nationalpark Tierra del Fuego ist es nicht weit. Natalia begleitet uns dorthin. Das Wort Ushuaia sei indianischen Ursprungs, erklärt sie. Es bedeutet „Die Bucht, die nach Westen schaut". Ich runzle die Stirn, denn die Bucht öffnet sich nach Osten. Da die Ureinwohner vermutlich weder ein Wort für Westen noch für Osten und die ande-ren Himmelrichtungen kannten, dürften sie eher von der Bucht ge-sprochen haben, die „zur Sonne" und zum Sonnenaufgang schaut.

Wir fahren über die Ruta Nacional No. 3, die ein Stück hinter Us-huaia in eine ungeteerte Straße übergeht. Es handelt sich um die be-rühmte Transamericana, die hier kurz vor der Grenze zu Chile in der Wildnis endet. Ein Wegweiser sagt aus, dass es nach Buenos Aires 3.063 km und nach Alaska 17.848 km sind. Transamericana, Trans-Amerika-Highway, Panamericana, der Name weckt Sehnsüchte. Träume werden wach nach grenzenloser Freiheit und Abenteuer und Reisen durch fremdartige Länder. Auf einem Parkplatz stehen Motor-räder und Geländewagen von Leuten umgeben, die sich diesen Traum erfüllen. Die meisten kommen vom argentinischen Festland herüber, erklärt Natalia; einige sogar aus Buenos Aires. Aber nur wenige wagen die Monate dauernde Reise durch ganz Südamerika oder gar von A-laska bis hierher.

Die nahezu unberührte Natur ringsum nimmt mich gefangen. Im-mergrüne Wälder sehe ich. Moose hängen wie zerzauste Haare von den Ästen herab. Ein Flüsschen schlängelt sich durch ein Tal. In saf-tig grünen Wiesen suchen Magellangänse nach Nahrung. Biber bauen Burgen, die das Wasser stauen und die Landschaft überfluten. Trostlos ragen die vertrockneten Reste an- oder abgenagter Bäume daraus hervor. Nebenan hoppeln Kaninchen umher, um nach ein paar ängstlichen Sprüngen in ihren Löchern zu verschwinden, die den Boden wie Schweizer Käse aussehen lassen. Die aus Alaska eingeführten Biber sollten der Pelzzucht dienen, die jedoch misslang und die Kaninchen waren zur Ergänzung der Speisezettel der ersten Siedler gedacht. Niemand kümmert sich heute um diese für Feuerland fremdartigen Tiere, die zur Plage wurden.

Der Weg, den wir zu Fuß beschreiten, führt bergab. Nach einer Biegung öffnet sich der Blick auf eine wildromantische Bucht. Die Bahia Ensenada. Nieselregen benetzt mein Gesicht. Ein starker Passat bläst kalt aus Südwest. Das Thermometer fällt auf unter 5 °. Wie konnten bei derart ungemütlichen Bedingungen die Indianer nur leicht bekleidet überleben? Das Klima ist stets rau und feucht. Im Winter herrschen Temperaturen zwischen –8 ° und 0 °. Der kurze Sommer dauert von Mitte November bis Ende Februar. Und auch in dieser Zeit steigt das Thermometer selten über 10 ° an.

Die Yámana, wie sie sich nannten, kamen etwa vor 10.000 Jahren. Sie drangen vom Norden her in diese schier unbewohnbare Gegend vor, die sie sich trotz aller Unbill erschlossen. In geschützten Buchten bauten sie Rundhütten. Jede Familie besaß mehrere. Man wusste ja nicht, was der Tag bringt, wo man sich nach Jagd auf Beute am A-bend befindet und wohin die starken Winde ihre Boote treiben würden. Als Kanunomaden zogen sie durch die Kanäle und von Bucht zu Bucht. Jede Familie baute deshalb mehrere Hütten an verschiedenen Plätzen. Gerade freie Hütten anderer Familien konnten benutzt werden. Das soziale Verhalten war in diesem Punkt ausgeprägt.

Der Wind frischt auf. Stürmische Böen blasen mir den jetzt kräftigen Regen voll ins Gesicht. Ich ziehe die Kapuze meines Anoraks über die Baseballkappe, damit mein Nacken trocken bleibt. Irene und ich erkunden den ausgetretenen, alten Pfad, der sich in Ufernähe entlang schlängelt. Klippen und kleine felsige Inseln eröffnen uns imposante Ausblicke auf die Jagdgründe der Yámana. Die Männer stellten hier Pelzrobben nach, fingen Fische und schossen Vögel. Die Frauen tauchten nach Muscheln und kleinen Krebsen. Sie sammelten auch Eier aus den Nestern brütender Vögel. Der Tisch war reich gedeckt. Aber allein der Gedanke, in diesen eisigen Fluten schwimmen und tauchen zu sollen, lässt mich erschaudern. Gar nicht auszudenken, wie die Ureinwohner die kalte Zeit des Winters verbrachten. Sie wussten nicht, wie aus dem Bast der Bäume und Sträucher Fäden gesponnen werden, um daraus Kleider zu weben oder zu stricken. Sie warfen sich die Felle der Robben über. Darunter waren sie nackt. Charles Darwin schrieb nach seiner ersten Begegnung mit den Ureinwohnern in sein Tagebuch: „In ihren Gesichtern liegt ein Ausdruck, der allen ganz wild vorkommen muss." An anderer Stelle bezeichnet er sie als die „verächtlichsten und elendsten Geschöpfe", ohne auf die unglaubliche Fähigkeit, in jener unwirtlichen Gegend zu überleben, einzugehen. Was mögen die Indianer über den bärtigen Naturforscher und die meist bärbeißige Schiffsbesatzung gedacht haben?

Durchnässt kehren wir zum Bus zurück, der nach einigen Windungen erneut hält. Bei einer Wanderung durch die Wildnis hefte ich mich an die Fersen von Natalia. Ihr Urgroßvater kam aus Deutschland nach Argentinien, erfahre ich. Er starb sehr früh. Ihren Großvater kannte sie besser. Dieser heiratete allerdings eine Frau aus einer spanischen Familie. „Und heute sind wir einfach alle Argentinier."

„Wird in Ihrer Familie noch Deutsch gesprochen?"

„Nur sehr wenig. Wir besitzen noch ein paar alte Bücher. Deutsch lernte ich in der Schule."

„Und das sehr gut!" Natalia freut sich über das Kompliment.

Wir überqueren einen sanften Bergkamm, um zur Bahia Lapataia hinunter zu steigen. Das Wetter wechselt rasch in dieser Gegend. Noch hält das dichte Laub des Südbuchenwaldes die Sonne zurück, die wieder hervorgetreten ist. Doch in den Auen am Ufer angekommen, begrüßen alle dankbar ihre wohlige Wärme.

Natalia erklärt, dass Lapataia „Die Bucht des guten Holzes" bedeutet. Hier bauten die Ureinwohner ihre Kanus aus den Lengas, den Südbuchen, wie sie in unserer Sprache heißen. Äste und Zweige banden die Yámana mit Tiersehnen und Lederstreifen zu einem Rahmen zusammen, den sie mit der in großen Stücken abgeschälten Rinde der Bäume ummantelten. Die Boote waren leicht und wendig, aber groß genug, um einer ganzen Familie Platz zu geben.

Die Standorte ihrer Behausungen sind noch deutlich zu sehen. Ringförmige Erdwälle umschließen Kuhlen, in denen die bescheidenen Rundhütten standen. „Der Wind kommt hier oft von den Ber-

18

gen, aus Westen. Am anderen Ende der Bucht, im Osten, geht die Sonne auf. Die Öffnung der Hütten, der Eingang, war deshalb meistens auf der Ostseite. Beim Wechsel der Windrichtung wurden allerdings auch die Eingänge verlegt." Natalia macht eine Pause. „Die Yámana aßen leidenschaftlich gerne Muscheln und Krebse. Die Schalen warfen sie achtlos vor ihre Hütten. So entstanden die Wälle, die, mit Gras überwachsen, noch immer zu sehen sind."

Die Kaweshkar waren Angehörige eines weiteren Volksstammes. Auch sie bevorzugten als Kanunomaden für die Jagd die Küstengebiete Feuerlands und die Fjorde der angrenzenden Inseln. Die aus der Alten Welt eingetroffenen Siedler bekämpften die Ureinwohner und rotteten sie aus – fast alle!!! Nur noch eine kleine Gruppe der Yámana lebt in Ukika. Die Siedlung mit ihren von Gärten umgebenen farbigen Holzhäusern liegt 2 km östlich von Puerto Williams auf der anderen Seite des Beaglekanals.

Wir fahren noch ein Stück landeinwärts zum Lago die Roca. Schneebedeckte Berge rahmen ihn ein. Magellangänse bevölkern den Ufersaum. Die Grenze zu Chile durchneidet unsichtbar den See.

Dann nehmen wir Abschied vom Nationalpark Tierra del Fuego und kehren zum Hafen zurück.

Cristina Calderón

Nach dem Ablegen und Abendessen begebe ich mich, warm angezogen, an Deck. Nach geduldigem Warten blicke ich mit dem Fernglas hinüber auf das in der Dämmerung vorbeiziehende Puerto Williams. Von Ukika sind nur noch die Lichter zu erkennen. Klaus Bednarz besuchte dort Cristina Calderón, die letzte Yámana mit ausschließlich indianischen Vorfahren. „Das breite Gesicht mit den vollen, hohen Wangenknochen und schmalen Augen zeigt die Spuren eines harten

19

Lebens und strahlt Herzlichkeit aus, gepaart mit einem Hauch von Skepsis und Verschmitztheit." So beschreibt Klaus Bednarz seine Eindrücke von dieser interessanten Person. Als Einzige beherrscht Cristina Calderón noch die Sprache der Yámana. Wenn sie eines Tages nicht mehr ist, können die Yámana nur noch in Gedanken „besucht" werden.

Ich halte noch einige Minuten an der Reling aus. Die MS Vistamar hat auf dem Beaglekanal Ostkurs eingeschlagen. Waren wir wirklich bereits am Ende der Welt? Kurz nach Mitternacht wird der Dienst habende Offizier das Schiff auf Südkurs beidrehen, um einen günstigen Weg durch die Drakepassage zu suchen. Jenseits dieser oft als Hölle beschriebenen Wasserstraße befindet sich die Welt des Ewigen Eises, die Antarktis, das eigentliche Ziel dieser Reise.

9. Januar

Unüberhörbar reißt eine Durchsage alle aus dem Schlaf. In etwa zwanzig Minuten wird die MS Vistamar Kap Hoorn in einer Entfernung von 12 Seemeilen passieren. Das entspricht dem Mindestabstand von 22 km nach den seerechtlichen Bestimmungen. Diese Meldung bringt Bewegung in die Passagiere. Türen klappern. Laute Stimmen sind von den Gängen zu vernehmen. Ich ziehe meine wärmste Hose und den Anorak über den Schlafanzug und die blaue Wollmütze aus Sylt über die Haare. Dann stolpere auch ich die Treppen hinauf und stürze an Deck.

Regen peitscht mir ins Gesicht. Das Schiff hebt und senkt sich und schlingert. Zwischendurch sprüht die Gischt von einer Böe getrieben über das Deck. Am Horizont kann ich schemenhaft eine Inselgruppe ausmachen. Kein Wetter zum Fotografieren. Je weiter das Schiff vorankommt, umso deutlicher zeichnen sich die einzelnen Inseln ab. Ich versuche mit meiner nagelneuen Lumix ein erstes Bild einzufangen. Leichter gedacht, als getan. Die Kamera besitzt keinen Sucher. Um auf dem LCD-Monitor etwas zu erkennen, muss ich sie mit ausgestreckten Armen vor meine Augen halten. Das macht aber der Sturm nahezu unmöglich. Meine Hände zittern, zuerst nur vom Wind gerüttelt, dann auch vor Kälte. Auf Verdacht drücke ich mehrfach ab, damit wenigstens ein Schuss gelingen mag.

Geduldig harren alle aus. Die Fotografen mit den größten Objektiven können sie zuerst erkennen. Die Isla Cabo de Hornos steht frei auf der Steuerbordseite voraus. Kap Hoorn nennen wir sie.

Das Wetter bessert sich. Die Wolken reißen auf. Die Sonne tritt hervor. Ein Schauspiel, wie von einem Regisseur inszeniert. Leichter Dunst bleibt. Ich trockne die nass gespritzte Linse meiner Kamera. Dann drücke ich wieder mehrfach ab. Deutlich sind der etwa 400 m hohe Höcker des Kaps und die schroff abfallende südlichste Spitze zu sehen. Ich schieße noch ein paar Bilder. Nur das Beste werde ich behalten.

Stolz nehme ich an der Reling Aufstellung, um mich fotografieren zu lassen. Ich, der „Kap Hornier". So durften sich alle Seeleute nennen, die mit einem Segelschiff die Umrundung dieser gefürchteten Insel meisterten. Natürlich befinde ich mich auf einem Motorschiff und das fährt auch nur daran vorbei. Trotzdem habe ich das Gefühl, ein bisschen zu ihnen zu gehören.

Mehr als tausend Schiffe zerschellten vom Sturm und den Meeresströmungen getrieben an den Klippen des Kaps oder der Inselgruppe. Sie rissen mehrere tausend Menschen mit in den Tod. Der Atlantik und der Pazifik prallen hier aufeinander. Der Wind bläst ständig aus westlichen Richtungen. Ein Tief jagt hier das andere. Sie drehen in dieser Gegend rechtsherum. Und mehrere Tiefs drehen sich gegeneinander. Das macht alles so undurchschaubar und gefährlich. Ab hier trifft die Bezeichnung Expeditions-Kreuzfahrt zu. Nicht das Ziel allein bestimmt den Kurs. Dieser ist von den Wetterbedingungen abhängig, nach denen sich der Kapitän richtet, um sowohl das Schiff als auch die Passagiere möglichst sicher am Kap vorbei und durch die Drakepassage zu führen.

Felsige Küstenvorsprünge haben eine anziehende, manche sogar eine magische Wirkung auf die Menschen. Der südwestlichste Punkt Europas zum Beispiel, das Kap Sao Vincente in Portugal, an dem Christoph Kolumbus vorbeisegelte, um den Weg nach Indien zu suchen und in Amerika zu landen. Oder der südlichste Punkt der USA, der Meilenstein in Key West im Staate Florida, von dem es nur noch „einen Sprung" nach Kuba ist.

Am Kap der guten Hoffnung und am Kap Agulhas in Südafrika beobachtete ich das tosende Aufeinandertreffen des Atlantiks und des Indischen Ozeans. Dem Portugiesen Bartolomeu Dias gelang es 1488 als Erstem diesen Gefahrenpunkt unbeschadet zu umrunden. Verrostete Schiffswracks zeugen vom dramatischen Schicksal wagemutiger anderer Seefahrer, die ihm nacheifern wollten, auf ein Riff liefen und von der rauen See verschlungen wurden. Zum Südpol sind es von dort noch 3.315 Seemeilen oder 6.140 km.

James Cook entdeckte 1770 das South West Cape von Süd-Neuseeland. Auf der Fahrt zum Milford Sound kam ich bis zum Ort Te Anau, nicht weit von diesem Kap, aber immer noch 4.780 km vom Südpol entfernt.

Kap Hoorn wurde 1578 von Francis Drake entdeckt und erstmals 1616 von dem Holländer Willem Schouten umrundet, der diese Felsinsel nach seiner Geburtsstadt benannte. Dieses Kap ist der nächstgelegene Punkt eines Kontinents zur Antarktis. Zum Südpol sind es „nur" noch 3.670 km.

Wie weit werden wir auf dieser Reise nach Süden vorstoßen? Im arktischen Sommer fahren die Schiffe im Nordmeer bis Spitzbergen, das am 80-sten nördlichen Breitengrad liegt, und sogar darüber hinaus. Die ungleich größere Kälte und die Eismassen bilden in der Antarktis bereits weit vorher eine unüberwindliche Barriere. Eisbrecher und Expeditionsschiffe können bei guten Eisbedingungen bis zum südlichen Polarkreis vordringen, aber nicht weit über 66 ° 33' S hinaus. Vielleicht schaffen wir es bis in die Nähe dieser unsichtbaren Linie.

Die Drakepassage

In der runden Treppenhalle über dem Foyer wird neben dem Zugang zur Kommandobrücke täglich mehrfach ein Auszug des Logbuchs angeheftet. Am späten Vormittag, Kap Hoorn liegt bereits einige Seemeilen hinter uns, lese ich: Position 57 ° 27' S/66 ° 01' W, Wind WNW 6, See 5, Dünung 3,5, Luft 8 °, Wasser 4 °, Luftdruck 974 hPa. Auf der beigefügten Wetterkarte sind drei Tiefs verzeichnet: Eines westlich vor Kap Hoorn, das uns am frühen Morgen in seiner Gewalt hatte; ein zweites östlich in der Nähe der Falklandinseln; ein drittes südlichöstlich voraus bei den Südshetlandinseln. Hier muss sich der Kapitän mit dem Schiff durchwinden. Als erstes Ziel, das nach zwei Tagen und zwei weiteren Nächten erreicht werden soll, wird Melchior Island angegeben.

Die bewegte See schaukelt das Schiff kräftig durch. Der Wind bläst gnadenlos. Die Wellen erreichen in der Spitze 5 m und die in diesen Breiten gewaltige Dünung trägt ein Übriges dazu bei. „Eine Hand für den Mann und eine Hand für das Schiff". Diese Regel mag für erfahrene Matrosen gelten. In den Gängen und auf den Treppen suche nicht nur ich mit beiden Händen Halt. Trotzdem herrscht großes Gedränge an Deck.

Wanderalbatros

Die Sonne lockt und Vögel vollführen über dem Heck eine Flugschau der Sonderklasse, die niemand sich entgehen lassen möchte. Die mitreisenden Lektoren Ilka und Uli erklären begeistert die Luftakrobaten. Die Wanderalbatrosse segeln mit weit ausladenden Schwingen über den Köpfen der Zuschauer. Die Spannweite ihrer Flügel beträgt etwa drei Meter. Gigantisch! Die Flugbewegungen sind elegant. Ihre Verwandten, wird erklärt, die Schwarzbrauenalbatrosse, werden wir auf den Falklandinseln zu Gesicht bekommen. Gefährlich sehen die wuchtigen Kap-Sturmvögel aus. Ihr langer Schnabel endet in einem spitzen Haken, wie bei einem Greifvogel. Sie konkurrieren im Flug mit ihren kleineren Artgenossen, den Silbersturmvögeln und den Raubmöwen.

In Decken gehüllt genießen Irene und ich wie auch andere die Sonne im Liegestuhl achtern beim Swimmingpool. Wir drängen uns im Windschatten dicht an die Aufbauten. Die Schläfen, die Nase und die Backenknochen sind meine empfindlichen Stellen. Ich creme sie ein. Lichtschutzfaktor 30. Damit liege ich auf der sicheren Seite.

Der Wind lässt nach. Ich nehme die Bordzeitung zur Hand und stecke sie sogleich wieder weg. Die Schlagzeilen können mich nicht begeistern. Die Welt um mich bewegt mich mehr. Ich beobachte die Wellen mit ihren Schaumkronen und versuche die Höhen abzuschätzen. Die Reling vollführt ein Auf und Ab zum Horizont.

Ich schließe die Augen und denke über diese und die vielen anderen Reisen der letzten Jahrzehnte nach. Wie war das, wenn ich auf Tour ging? Was wollte ich entdecken? Warum entschied ich mich zuerst für dieses und erst später für jenes Land?

Stets war ich vom Fernweh getrieben, die Welt draußen zu erkunden. Weit weg von meiner Welt, die ursprünglich die kleine, eingegrenzte Welt meiner Kindheit war, später meine große Welt wurde, die Welt des Geschäftes, des Marketing und des Vertriebes, der Zahlen des unternehmerischen Erfolges, manches Mal auch Misserfolges. Ein Ausbruch aus den Zwängen, aus der meist von außen gesteuerten Welt, in der die eigenen Interessen auf nur wenige Wochenstunden beschränkt blieben. Ein bewusstes Erfahren der Welt in mir, meiner Wünsche und verborgenen Sehnsüchte, der Hoffnung auf ein Erleben all dessen, was ich nur aus ungezählten Büchern kannte.

Und diese Reise in die Antarktis? Eine Reise mit vielen Unbekannten und unvorhersehbaren Abenteuern, mit Entdeckungen, das heißt für mich Neuem, das schon andere entdeckten, dem ich aber begegnen wollte – wo auch immer in der Welt, dieses Mal in der Antarktis, in jenem kalten Kontinent, den Reinhold Messner „Himmel und Hölle zugleich" nannte.

Den Auftakt der Überfahrt erleben wir bei Sonnenschein. Sommer in der Antarktis!? Noch sind wir nicht da. Und der Schein trügt. Die Wetterberuhigung war nicht von langer Dauer. Wolken treiben heran. Der stürmische Wind wühlt die See erneut auf. Das Schiff schaukelt wieder stärker. Die Passagiere verkriechen sich in ihre Kabinen. Zum Kapitäns-Gala-Abendessen im Restaurant Andalucia treten jedoch alle pünktlich an. Festliche Kleidung wird gewünscht. Einige Landpinguine erscheinen im Smoking, die meisten Männer jedoch im Clubjackett oder dunklen Anzug; die Frauen festlich elegant.

Wir sitzen zu sechst am Tisch auf der Steuerbordseite am Fenster, gemeinsam mit einem Paar aus Hamburg und einem aus Magdeburg – Weinliebhaber wie wir und redselig.

Der Abend wird lang. Sieben Gänge erfordern ihre Zeit. Die angeregte Unterhaltung sorgt für Kurzweil. Als wir zu Bett gehen, wird es draußen gerade dunkel. Die Sonne geht um 23:15 Uhr unter. Kurz nach 3 Uhr wird sie wieder aufgehen.

10. Januar

Die Nacht war unruhig. Mehrfach schreckte ich auf, wenn das Vorschiff stampfend auf einen Brecher aufschlug. Das Rollen des Schiffes wirkte sich unangenehm auf den Gleichgewichtssinn aus. Die Beine lagen im Bett manchmal höher als der Kopf.

Ich erinnerte mich an die vorangegangene Nacht und legte mich zur Seite mit dem Gesicht in Fahrtrichtung. Ein bewährtes und gutes Rezept. Gleich war alles besser.

Am Vormittag überrascht uns wieder eine wechselhafte Wetterlage. Die sonnigen Abschnitte werden spärlicher. Gegen Mittag bleiben sie ganz aus. Der Wind ging zwar auf 5 zurück und die See auf 4. Das Schiff schaukelt nach wie vor für mein Empfinden gewaltig.

Die viel wichtigere Angabe lautet: Wasser 0 °. In der Nacht überquerte die MS Vistamar jene Breiten um 60 ° S, in denen die kalte Antarktische See auf die wärmeren Ausläufer des Atlantiks und des Pazifiks trifft. Die Schnittstelle wird Antarktische Konvergenz genannt. Von jetzt an befinden wir uns in der Antarktis.

Dem Auszug des Logbuches ist weiter zu entnehmen, dass der Kapitän das Ziel geändert hat. Wir steuern nunmehr Half Moon Island inmitten der Südshetlandinseln an.

Die kritische südlichere Wetterlage machte die Kursänderung erforderlich. Ausläufer des Tiefs erreichen auch die MS Vistamar. Regen prasselt hernieder. Ein Schneegestöber fegt über die Decks hinweg. Trotzdem drehe ich im schnellen Schritt einige Runden um den Veranda-Club und die Sonnendecks. Als Golfer ist für mich das Wetter nur eine Frage der Kleidung und Bewegung tut gut und hält den Kreislauf stabil.

Uwe Morfeld, ein Kapitän und Lotse a. D., bietet sich als Führer auf der Kommandobrücke an. Das lasse ich mir nicht entgehen. In Kurzfassung bringt er der interessierten Gruppe das Einmaleins der Seefahrt bei: Tonnage, Antrieb, Steuerung und Geschwindigkeit des Schiffes, Stabilisatoren, Sicherheitssysteme, Längen- und Breitengrade, Kreiselkompass und GPS, Tiefenmessung und Radar. Dieses Stichwort löst Fragen aus.

„Sind die Eisberge auf dem Radarschirm zu erkennen?"

„Sehen Sie selbst. In Fahrtrichtung leuchtet nichts auf. Also, kein Eisberg, kein fremdes Schiff und kein Land voraus."

„Und wenn das Schiff den Eisbergen näher kommt?"

„Dann flimmert der Bildschirm vor lauter weißen Punkten."

Alle scheinen beruhigt zu sein, obwohl der Untergang der Explorer II die unbeantwortete Frage aufwirft, warum es trotzdem zu dem tragischen Zusammenstoß kommen konnte. Die Antwort kennt vermutlich nur der Offizier, der zur Unglückszeit Dienst hatte.

Beim Mittagessen fehlt mindestens ein Drittel der Mitreisenden. Die Seekrankheit fand ihre ersten Opfer – auch an unserem Tisch. Ein Stück gedünsteter Fisch, Salzkartoffeln und ein paar Löffel Gemüse genügen mir. Dazu ein Glas Wein. Irene begnügt sich ebenfalls mit einer kleinen Portion.

Dann ziehen wir uns zurück. Wir legen uns eine Stunde in die „Koje". Nur ruhen wollen wir, ohne zu schlafen. Die Entspannung tut gut. Noch verspüren wir keine Anzeichen einer Seekrankheit. Etwas mulmig ist mir schon. Irene hat keine Probleme. Und die Ruhe bekommt beiden.

Am Nachmittag absolvieren alle eine Pflichtveranstaltung. Expeditionsleiter Steffen Spiegel und Eislotse Uli Demel geben Informationen und Verhaltensregeln zum Landgang in der Antarktis. Die IAATO, eine internationale Vereinigung der in der Antarktis operierenden Reiseunternehmen, schreibt dies vor.

Die wichtigste Aussage und Verpflichtung: „Sehe und bewahre in Erinnerung. Nehme nichts mit und lasse nichts dort." Alle Expeditionsteilnehmer akzeptieren dies mit ihrer Unterschrift.

Während des Abendessens geht ein Raunen durch den Saal. „Eisberge!" ruft einer. Und nochmals „Eisberge!" In großer Entfernung sichte ich einen weißen Punkt. Dann noch einen.

Ich entschuldige mich am Tisch und eile auf das Aussichtsdeck über dem Bug. Irene folgt mir. Noch bevor ich weitere Eisberge ausfindig machen kann, entdeckt sie einen Buckelwal. Er bläst eine hohe Fontäne und entschwindet unseren Blicken. Ich krame das Fernglas aus meiner Tasche. Zwischen der ruhiger gewordenen See und der tief hängenden Wolkendecke dringen zuerst zwei, dann drei schmale weiße Flächen hervor – die Inseln King George, Nelson und Robert Island, die zu den Südshetlandinseln gehören.

Davor und dazwischen driften kleine und große Eisberge. Von weitem sehen sie ungefährlich aus. Trotzdem flößen sie Respekt ein.

Noch vor Einbruch der Dunkelheit durchfährt die MS Vistamar die Passage zwischen Nelson und Robert Island, um in der dahinter liegenden Bransfieldstraße nach Süden in Richtung Half Moon Island einzuschwenken.

Eine aufregende Nacht steht uns bevor. Ich stelle den Wecker, denn früh geht es aus den Federn.

Erste Anlandungen auf den Südshetlandinseln

11. Januar

Das Rasseln der Ankerkette weckt mich um kurz nach 4 Uhr morgens. Keine christliche Zeit. Ein Blick aus dem Kabinenfenster: Die Wolken hängen tief. Der Wind schläft noch. Trotz schlechter Sicht erkenne ich eine Forschungsstation: Fünf knallrot gestrichene Gebäude und vier Antennenmasten.

Wir sind in der Einsamkeit der Antarktis. Und offenbar doch nicht allein. Die Farben Argentiniens – hellblau, weiß, hellblau – zieren eines der Dächer. Das Sonnensymbol der Nationalfahne fehlt.

Vor uns geht eine Gruppe um 4:30 Uhr von Bord. Wir booten eine halbe Stunde später zum ersten Landgang in der Antarktis aus – auf Half Moon Island. Die Mitglieder der International Association of Antarctica Tour Operators verpflichten sich, die Umwelt- und Sicherheitsrichtlinien in der Antarktis einzuhalten, um eine dauerhafte Erhaltung des Naturparadieses zu gewährleisten. Maximal dürfen einhundert Personen gleichzeitig an Land sein. Der Expeditionsleiter des Schiffes hat vier Gruppen mit jeweils sechzig Personen gebildet, die mit den pendelnden Zodiacs an Land und wieder zurück gebracht werden. Das Schiff ankert fast eine Seemeile von der Insel entfernt. Die Temperatur der Luft beträgt 0 °. Der Fahrtwind lässt sie auf der Haut jedoch wie –5 ° empfinden.

Ringsum erscheint alles grau in grau. Voraus die kleine Insel ebenso wie die hohen Berge und Gletscher östlich davon. Half Moon Island liegt in einer großen Bucht von Livingston Island, die ein faszinierendes Panorama bildet.

Fleißige Hände bauten aus Holzpaletten und einem Metallsteg eine kleine „Landungsbrücke". Sie erleichtert das Aussteigen auf den steilen Kiesstrand. Dort werden die roten Schwimmwesten ausgezogen und gestapelt.

Die Pinguine sind nicht nur zu sehen, sondern auch zu riechen. Die einen kommen hungrig über ein Schneefeld den Berg herunter, die anderen hoppeln voll gefressen nach dem Beutegang den steilen Hang hinauf. Der Weg der Pinguine wie auch der von den Touristen ausgetretene steinige Pfad ist vom Kot rot verschmiert und glitschig.

Zügelpinguine

Auf der Kiesbank aalt sich eine Weddellrobbe, die dort ein Schläfchen hält. Ab und an bewegt sie sich träge, um eine für sie angenehmere Position einzunehmen.

Weddellrobbe

Dahinter, halb eingeschneit, verrotten die hölzernen Reste eines alten norwegischen Walfangbootes. Die Spanten und Planken halten lange bei den eisigen und trockenen Wetterbedingungen in der Antarktis.

Hoch über allem und rings um die aus dem Schnee ragenden bizarren Felstürme bilden die Zügelpinguine eine Kolonie. Hunderte mögen es sein. Die meisten brüten, einige eilen hin und her, Pärchen begrüßen sich, die Hälse streckend und ein lautes Geschnatter ausstoßend. Ein fesselndes Bild, das ständig in Bewegung ist. Dazwischen brüten einige Skuas, das sind Raubmöwen – eine ungeliebte Konkurrenz, die sich nicht scheut, unvorsichtigen Pinguinen die Eier aus dem Gelege oder auch unvorsichtige Jungtiere zu stehlen.

Wir folgen dem Pfad und besteigen den Kamm bis zu einer weiteren schroffen Felskuppe. Die argentinische Station Destinacion Naval Teniente Camara liegt direkt dahinter. Sie scheint derzeit nicht besetzt zu sein. Niemand ist zu sehen. Rechts und links fällt das verschneite Gelände steil zum Meer ab. Moose und Flechten wuchern auf freien felsigen Stellen. Die aufgeschlagenen und noch feuchten Schalen eines Eies erinnern an eine Tragödie, die sich hier vor kurzem abspielte. Von dem Embryo des Pinguins blieb nichts übrig.

Die Rückfahrt zum Schiff wird turbulent. Zuerst umkreisen Pinguine harmlos das Zodiac. Sie tauchen in unmittelbarer Nähe nach Nahrung, springen nach Luft schnappend über das Wasser – einzeln, in Gruppen, im Gleichklang eines Balletts – und tauchen erneut. Noch können die übereifrigen Fotografen von ihren Nachbarn im Zaum gehalten werden. Als jedoch die Blasfontäne eines Wals schräg voraus gesichtet wird, meinen alle auf einmal aufspringen zu müssen. Das Zodiac schwankt wie wild. Geistesgegenwärtig drosselt der Bootsführer den Motor und herrscht sogleich die Unverbesserlichen an, schnellstens wieder auf ihrem Allerwertesten Platz zu nehmen. Nicht auszudenken, was passiert, wenn jemand über Bord gehen würde. Bei 0 ° Wassertemperatur hilft auch die Rettungsweste nicht viel. Der Kälteschock kann zu einem raschen Herzstillstand führen.

Gegen 8 Uhr wird der Anker gelichtet. Abwechselnd beobachte ich das Manöver und die beiden Wale, die immer noch in der Nähe des Schiffes auftauchen, Fontänen blasen und die gewaltige Schwanzflosse, die Fluke heben, bevor sie wieder abtauchen. Langsam verlässt die MS Vistamar die Moon Bay von Livingston Island, nimmt Kurs Nordost, überquert die McFarlanestraße und ankert eine knappe Stunde später auf der Südseite von Greenwich Island.

Die Abbruchstelle einer breiten Gletscherfront schaut unter einer Wolken- und Nebeldecke hervor. Darüber ragen einige Felszacken heraus. Die Sicht ist inzwischen noch schlechter geworden, als sie am frühen Morgen war. Erst als wir uns mit dem Zodiac nähern, können wir eine Nehrung aus groben Steinen erkennen, die am Ende einer Bucht einen natürlichen Hafen bildet. Amerikanische Robbenfänger töteten und verarbeiteten hier bereits 1820, noch im Jahr der Entdeckung der Südshetlandinseln, mehrere tausend Robben, um die kostbaren Häute zum Verkauf in die Staaten zu bringen. Seit dieser Zeit wird der natürliche Hafen Yankee Harbour genannt.

Während wir die Kiesbank umfahren, kalbt im Hintergrund einer der Gletscher. Mit lautem Getöse donnern die Eismassen, für uns unsichtbar von einer Nebelwand verhüllt, ins Meer.

Beim Aussteigen auf der ruhigen Innenseite der Landzunge können wir an deren Ende gerade noch den untersten Streifen einer von Schnee bedeckten Moräne erkennen. Eselspinguine brüten dort in mehreren kleineren Kolonien.

Ganz in unserer Nähe tauchen einige Paare vor der Nehrung. Auch Zügelpinguine mischten sich darunter. Robben liegen faul dösend auf dem Trockenen. Obwohl die Temperatur am Tag derzeit den Gefrierpunkt erreicht und kaum darunter bleibt, frösteln wir. Der Wind macht sich unangenehm bemerkbar. Die rund geschliffenen, aber großen Steine erschweren das Laufen. Abgenagte Pinguinknochen leuchten weiß dazwischen. Die Robben und Seeleoparden ließen keine Faser übrig. Der Flügel eines Pinguins liegt dazwischen. Ich fasse ihn an. Er ist vom Permafrost tiefgefroren.

Nur ein paar Meter weiter entdecken wir ein Raubmöwenpärchen. Eines der Tiere brütet. Das zweite steht wachsam daneben. Wir machen einen großen Bogen, um nicht zu stören.

Die Sicht wurde noch schlechter. Eine niedrig liegende Nebelwand umhüllt jetzt die Nehrung in ihrer ganzen Länge. Alles sieht grau in grau aus. Nur die roten Wetterjacken der Landgänger zeigen noch Farbe. Die Sicht auf den steinigen Boden endet nach drei bis vier Metern. Auf einem Schnee- oder Eisfeld würde man überhaupt nichts mehr sehen. „Whiteout" wird diese Naturerscheinung genannt, die ich vom Skilaufen kenne. Das Sonnenlicht wird diffus gestreut und die Schatten verschwinden. Die Orientierungsmöglichkeit sinkt gegen null. Diese gefährliche Wettersituation wird von allen Entdeckern, Forschern und Abenteurern gefürchtet, die auf dem Festland der Antarktis im Eis unterwegs sind. Wir können uns auf der schmalen

Landzunge jedoch nicht verlaufen. Wir setzten unseren Weg fort und stoßen auf weiß gebleichte Walknochen. Die Rippen erreichen eine beachtliche Länge.

Yankee Harbour

Nach ein paar Minuten tauchen im wieder lichter werdenden Nebel vor uns mehrere rote Jacken auf. Seeelefanten wurden entdeckt. Weibchen und Jungtiere liegen am Strand. Einige schwimmen auf und ab. Etwas abseits zieht sich gerade ein Bulle ins Meer zurück.

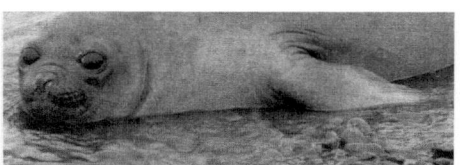

Junges Seeelefantenweibchen

Die Sicht hat sich inzwischen weiter verbessert. Auf der Fahrt zurück ruft wieder einer begeistert: „Ein Wal". Wir haben großes Glück. Alle folgen gespannt seinem ausgestreckten Arm. „Der Blas war rechts voraus zu sehen." Der Rücken kommt zum Vorschein. Beim Abtauchen stellt er die Fluke steil auf. Dreimal wiederholt er in Abständen von wenigen Minuten dieses großartige Schauspiel. Dann zieht der Wal davon.

Gegen Mittag verlässt das Schiff die Küstengewässer von Greenwich Island und schlägt wieder Südkurs ein. Ein Sturm bläst uns eiskalt ins Gesicht. Wir stehen an Deck, ziehen den Reißverschluss der luft- und wasserdichten Antarktisjacken hoch, den Rand der Wollmützen tief in die Stirn und beobachten die Anfahrt auf Deception Island, einen befahrbaren Vulkankrater. Das Schiff macht etwa zwanzig Knoten. Der Wind weht mit Stärke 7 bis 8 von vorne. Beides zusammen ergibt am Körper und im Gesicht Windstärke 9 bis 10. Die Außentemperatur von unverändert 0 ° empfinden wir wie −10 °.

Durch eine schmale Öffnung der Kraterwand sucht die MS Vistamar ihren Weg in den Kratersee der Caldera. Zweimal ertönt ihr lautes Signalhorn, um anderen das Kommen zu signalisieren. Doch kein weiteres Schiff ist in Sicht. Die Wolken reißen endlich auf. Der Wind schwächt ab, sobald die hohen Felswände von Neptuns Blasebalg, wie die Zufahrt genannt wird, durchfahren sind. In der ersten Bucht, der Whalers Bay, geht die MS Vistamar vor Anker.

Was für eine spektakuläre Szenerie! In einer Vulkaninsel von 13 km Durchmesser liegt ein 6 km langer See, umgeben von einem bis zu 500 m hohen Kraterrand, von dem mehrere Gletscherzungen in den Schlund hinabreichen.

Bei der Anfahrt mit dem Zodiac kann man die baufälligen und windschiefen Gebäude der vor Jahrzehnten aufgegebenen Walverarbeitungsstation voll überblicken: Das lange Haupthaus, die Nebengebäude und in der Nachbarschaft den so genannten Hangar eines britischen Flugplatzes, der einst kühn mit Planierrauben auf einem Aschefeld angelegt wurde.

Fünf große Tanks stehen halbschief in der grauen Vulkanasche eingesunken und rosten vor sich hin. Brennstoffe und Walöl wurden darin gelagert.

Am Strand wackeln Zügelpinguine als Begrüßungskommando auf und ab. Robben sind hier nicht auszumachen. Das Wasser dampft in Ufernähe. Heiße Quellen laden zum Bade ein, Fumarolen fauchen und die vulkanische Wärme im Inneren der Erde lässt hier im Sommer der Antarktis den Schnee bis in höhere Lagen schmelzen. Ein Stück weiter liegen zwei alte Walfangboote halb in der Asche vergraben. Einige Walknochen wurden dekorativ daran angelehnt.

Die meisten der mit uns angelandeten Rotjacken steigen über einen Pfad hoch zum Kraterrand, der Neptuns Window genannt wird und einen großartigen Ausblick auf die Bransfieldstraße bietet.

Wir begeben uns hinüber zu den Ruinen der alten Station. Sie musste aufgegeben werden, weil die Verarbeitung der harpunierten Tiere vor Ort nicht mehr wirtschaftlich war. Moderne Walfangschiffe übernahmen, schwimmenden Fabriken gleich, die Arbeit.

Ein Übriges erledigten die schweren Ausbrüche in den Jahren von 1967 bis 1970. Die britische Station und die Gebäude und Maschinen der Walfanggesellschaft wurden von der glühenden Asche zerstört.

Die drei Gräber ganz in der Nähe werden offenbar ab und an gepflegt. Eines trägt ein ziemlich neues Holzkreuz. Die eingeschnitzte Inschrift lautet: Zimmermann Hans A. Culliksen, geb. 7.4.71, gest. 4.1.28. Die Grablege stammt noch aus der Zeit der Walfänger. Sie wurde 1928 angelegt.

An der Tür zum ehemaligen Hauptgebäude befestige ich eine Friedensbotschaft, um sie zu fotografieren.

Der Hintergrund dieser Aktion ist schnell erklärt: Ende 2007 erfuhr ich rein zufällig von einem Projekt, das von zwei Künstlern ins Leben gerufen wurde: „World Wide Art for human rights and peace". Ein kleines weltweites Kunstprojekt für Menschenrechte und Frieden. Die Initiatoren sind Irina Balandina und Peter v. Krusenstern.

Die Idee: Die als Bild festgehaltene Friedensbotschaft der Künstlerin wird in kleine Teile zerteilt und in allen Ländern der Welt an gut sichtbaren Stellen hinterlegt.

Meine Frau und ich signalisierten die Bereitschaft, als Friedensboten für Chile und Argentinien mitzumachen.

Mein weiterer Vorschlag, auch in der Antarktis in geeigneter Weise ein Friedenssignal zu setzen, stieß erfreulicherweise auf Zustimmung. Im Einvernehmen mit Peter v. Krusenstern präsentiere ich deshalb auf Deception Island vor der alten Walfangstation das Bild von Irina Balandina in Kleinformat als „Special part for Antarctica" am 11. Januar 2008 um 18:50 Uhr.

Prof. Dr. Georg Kleinschmidt begleitet als Lektor und Geologe die Exkursion. Er ist bereit, als Pate der Aktion das Sonderteil ebenfalls zu präsentieren. Auch diese Aktion halte ich fotografisch fest.

Auf dem Schiff zurück schreibe ich in meiner Tageskladde ergänzend hierzu einige Gedanken nieder, die – wieder zu Hause – Peter v. Krusenstern zugestellt werden:

34

„Antarktis – Deception Island: Spezial-Friedensbotschaft
Unberührte wilde Natur. Ein Kontinent aus Eis und Schnee. Extreme Kälte. Ewiger Winter, auch im Sommer. Lebensfeindlich für die Menschen. In den Randzonen jedoch Heimat zahlreicher Tiere.
Zu den Menschen sage ich:
Forscht! Aber verzichtet auf den Abbau der Bodenschätze.
Kommt, schaut und geht! Ohne Spuren zu hinterlassen und die Einzigartigkeit und Schönheit der Antarktis zu zerstören.
Nach internationalem Recht ist sie Niemandsland. Im Antarktisvertrag von 1959 verpflichteten sich die großen Mächte der Erde, die Antarktis ausschließlich für friedliche Zwecke zu nutzen.
‚Schaue und bewahre die Erinnerung. Nehme nichts mit und lasse nichts zurück‘. So lauten die Maximen für die Antarktisbesucher.
Die Präsentation wurde fotografisch mehrfach festgehalten, das Teil jedoch wieder mit zurückgenommen.“

Diese Friedensaktion und auch jene in Chile und Argentinien können im Internet unter world-wide-art.de verfolgt werden.

Bevor die MS Vistamar den Kratersee verlässt, dreht der Kapitän mit dem Schiff eine „Ehrenrunde“. Wir kommen den Gletschern zum Greifen nahe. Reste der ebenfalls durch Vulkanausbrüche zerstörten chilenischen Station sind zu sehen. Nur die argentinische Basis scheint intakt zu sein. Besetzt ist sie jedoch zurzeit nicht.

Deception heißt übersetzt Täuschung. Die MS Vistamar und ihre Passagiere werden von der Ruhe und der fast friedlich zu nennenden Stimmung im Kraterrund weder getäuscht noch enttäuscht. Fasziniert nehmen alle die einmaligen Landschaftsbilder in sich auf.

Ich selbst fühle mich in Beststimmung. Drei ereignisreiche Anlandungen an einem Tag. Der Besuch eines der beeindruckendsten Vulkane der Erde. Und die Sichtung mehrerer Wale. Was für Höhepunkte! Mir ist zum Feiern zu Mute. Ich bestelle eine Flasche Fürst Metternich, um mit Irene und den Tischnachbarn anzustoßen und diesen Tag hochleben zu lassen.

Die MS Vistamar hat inzwischen wieder die Bransfieldstraße erreicht. Sie nimmt Fahrt auf und schlägt Südkurs ein.

Auf der Antarktischen Halbinsel

12. Januar

In angespannter Erwartung begebe ich mich bereits in den frühen Morgenstunden auf das Almeriadeck über dem Bug. Längst hat die MS Vistamar die Bransfieldstraße verlassen, um auf der Gerlachestraße weiter nach Süden vorzustoßen. Auf der Backbordseite des Schiffes sehe ich zum ersten Mal die Küste Antarktikas, die hier wie ein Dorn als so genannte Antarktische Halbinsel nordwärts ragt. Die Sicht ist so gut, dass ich den Mt. Johnson und den Mt. Walker deutlich erkennen kann. Beide sind über 2.300 m hoch. Vor der vergletscherten Küste und den vorgelagerten kleineren Inseln wimmelt es von Eisbergen aller Größe und Formen.

Auf der Steuerbordseite ein ähnliches Bild. Nur sind die Berge von Brabant Island, das wir gerade passieren, nicht ganz so gewaltig und teilweise von Wolken verhangen.

Über dem Schiff wölbt sich ein azurblauer Bilderbuchhimmel. Voraus scheint die Fahrt jedoch im Eis zu enden. Mit dem Fernglas beobachte ich, wie das Schiff auf Treibeis und kleine wie auch große Eisberge zusteuert, die eine Barriere bilden.

Der Dienst habende Offizier verlangsamt die Fahrt. Der Wind weht schwach. Die See hat sich beruhigt. Die Temperatur der Luft beträgt 1 °, die des Wassers 0 °.

Der italienische Kapitän Antonio Mattera ist ein erfahrener Seemann und Offizier. In der Antarktis war er allerdings erst einige Male in eigener Verantwortung mit einem Schiff unterwegs. Jetzt ist er wieder hier, was eine erneute Herausforderung bedeutet. Als er in der Einfahrt zur Paradise Bay diese Vielzahl von Eisbergen vor Augen hat, die den Weg zu versperren scheinen, trägt er sich ernsthaft mit dem Gedanken, die Route zu ändern, zu wenden und auf der Gerlachestraße zurückzufahren, bis „ruhigere", aus seiner Sicht sicherere Gewässer erreicht sind. Eine heftige Diskussion über die richtige Entscheidung entsteht mit seinem Ersten Offizier und der Kreuzfahrtleitung. Nur dem beherzten Einwirken des in dieser Region erfahrenen

Eislotsen Uli Demel ist es zu verdanken, dass das Schiff mit seinen erwartungsvollen Gästen an Bord doch noch den Weg durch die Eisberge hindurch in die Paradise Bay findet.

Davon bekommen die Passagiere natürlich nichts mit. Erst am Tag darauf erfahren alle im Rahmen eines Rückblicks, dass der Eispilot gemeinsam mit dem Kapitän die Verantwortung für die nicht ungefährliche Passage übernahm.

In der Höhe von Anvers Island dreht das Schiff auf Ostkurs. Direkt voraus flankieren jetzt die Inseln Lemaire und Bryde die breiteste Zufahrtsmöglichkeit zum Traumziel der Antarktisbesucher, der Paradiesbucht. Dieses natürliche Hafenbecken wird vom Halbrund der Antarktischen Halbinsel gebildet. Ebbe und Flut und natürlich auch der Wind lassen in diesem engen Kanal kleine wie große Eisberge in unberechenbarer Weise gefährlich hin und her driften. Mit ihrem Gewicht von aberhunderttausend Tonnen stellen sie wahre Monster dar. Bei einer Kollision könnte das Schiff gerade einmal 7.500 BRT dagegensetzen. Die MS Vistamar bewegt sich deshalb nur sehr langsam und immer in respektvollem Abstand zu den eisigen Ungetümen vorwärts.

Grahamland wird die Antarktische Halbinsel auch genannt, Dancoküste die Bergkette unmittelbar vor uns, die 1.479 m aufragt. Gletscher rahmen das Ufer mit steil abfallenden Eiswänden, die von bizarren Felsformationen durchbrochen werden.

Wild, unberührt, einsam, friedlich, schön, still und auf den ersten Blick lebensfeindlich umgibt uns eine Welt ohne Zeit.

Der Kapitän sucht einen günstigen Platz auf Reede. Ankern ist nicht möglich, da der Meeresgrund rund 500 m tief liegt. Das Schiff driftet. Es muss ständig durch Vorwärts- und Rückwärtsbewegungen und den Einsatz der Seitenruder stabilisiert werden.

Wir booten mit der ersten Gruppe aus. Windstille. Die Sonne brennt gnadenlos herab. Schon auf der Überfahrt mit dem Zodiac versuche ich, mir Luft zu verschaffen. Das ist leichter gesagt als getan. Unter der Rettungsweste, und diese ist immer Pflicht, kann ich gerade einmal den Reißverschluss des Anoraks am Hals ein paar Zentimeter öffnen. Kopfbedeckung und Handschuhe werden überflüssig. Ich „leide" in der Antarktis – aber nicht an Kälte, sondern an der unerwarteten Hitze in der viel zu warmen Kleidung, in der sich die Wärme staut.

Kurz nach 9 Uhr betreten wir den sechsten Kontinent. Wir stehen mit beiden Füßen auf dem Boden der Antarktika, wie das Festland genannt wird.

Auf einer vor Eisbruch sicheren Landzunge erbauten die Chilenen bereits 1951 eine Forschungsstation, die den Namen des damaligen Präsidenten Gonzales Videla trägt.

Soldaten der Marine und Luftwaffe bereiten uns einen freudigen Empfang. Bereitwillig teilt mir einer von ihnen mit, dass derzeit hier vierzehn Mann stationiert sind. Der Dienst während der Sommermonate dauert von Anfang November bis Ende Februar. Der Alltag sei recht eintönig. Anlandende Passagiere der Kreuzfahrtschiffe bilden eine willkommene Abwechslung. Alle freuen sich darauf. Aber das Wetter macht nicht immer mit. Vor einigen Tagen mussten die Schiffe wenden und unverrichteter Dinge wieder aus der Bucht hinausfahren, andere kamen überhaupt nicht herein, erzählt er. Den langen Winter über bleibt die Station geschlossen. Dann halten nur noch die Pinguine die Stellung, meint er verschmitzt.

Diese siedeln dicht gedrängt rings um die Station. Die meisten Jungtiere sind bereits geschlüpft. Nur noch wenige Paare brüten.

Geschäftig laufen einzelne Tiere hin und her, stehlen beim Nachbarn Steine, um das eigene Nest zu befestigen, oder vertreiben die lästigen Scheidenschnäbel, die hervor gewürgtes Futter den Jungtieren streitig machen.

Ein reges Treiben herrscht auf den Wegen zum und vom Wasser. Kopfüber springen die einen hinein und tauchen nach Beute. Die anderen schießen wie Pfeile aus den Fluten an Land, hoppeln hoch zu den Nestern und lösen dort den hungrigen Partner ab.

Krill scheint die Hauptnahrung zu sein. Vorverdautes und unachtsam verstreutes Futter und der Kot färben den matschigen Boden rot und sorgen für einen fürchterlichen Gestank – an dem wir uns, aber nicht die Pinguine stören.

Es handelt sich um Eselspinguine, die an ihrem schwarzen Kopf, der Blässe über dem Auge und dem roten Schnabel zu erkennen sind. Neugierig und hungrig blicken die Jungtiere in ihre heute sonnig warme, in wenigen Wochen aber wieder eisige Welt.

Antarktische Halbinsel – Paradise Bay

Eselspinguine

Paradise Bay – Bruchkante

Bryde Island – Paradise Bay

Alles kommt einem wie ein Wunder vor. Das Wintermärchen, das wir hier erleben dürfen, wird nicht von langer Dauer sein. Die Wetterkarte zeigt bereits ein neues Tief, das spätestens morgen über die Bucht hinwegfegen wird. Die Stürme und die einhergehende Kälte entfalten eine lebensbedrohende Kraft. Sie machen für uns Menschen aus dieser unzugänglichen und grenzenlos weiten Antarktis einen lebensfeindlichen Kontinent. Und doch, trotz dieser extremen Bedingungen ist auch hier die Welt voller Leben – im Wasser bilden Plankton, Algen, Krill und Tintenfische die wichtigste Grundlage der Nahrungskette für Wale, Robben, Pinguine und eine vielfältige Vogelwelt. Und wir sind dabei, wie vor unseren Augen im Sommer der Antarktis neues Leben erwacht.

Der Bootsführer steuert auf der Rückfahrt zum Schiff das Zodiac zuerst noch hinüber zu den größten Eisbergen. Drei der kalten Ungetüme liegen dicht beieinander. Er umfährt sie. Mit staunenden Augen betrachten wir einen nach dem anderen. An einer geeigneten Stelle hält er an und stellt den Motor ab. Die Gespräche im Boot verstummen. Wir lauschen gebannt in die Stille. Nichts, aber auch gar nichts ist zu hören. Zu sehen gibt es dagegen viel in dieser ursprünglichen wie unberührten Natur. Wildnis setzte ich bisher mit grün, sumpfig und undurchdringlich gleich. Hier lerne ich, dass sie auch weiß, zu Eis erstarrt und unvorstellbar kalt sein kann.

Auf ein Zeichen des Bootsführers blicken wir schräg nach hinten. Dort ragt in geringer Entfernung die Bruchkante einer Eisfront 50 bis 60 m auf. Bedrohlich wirken die Risse und tiefen Spalten, die blau schimmern, dunkler als die oberen Schichten. Ein Zeichen des Alters des Eises, das auf tausend und mehr Jahre geschätzt wird. Zahlen die Ehrfurcht gebieten.

Gegen Mittag verholt der Dienst habende Offizier die MS Vistamar zum 9 km entfernten südlichsten Punkt dieser Expeditionsreise, der argentinischen Forschungsstation Almirante Brown. Der Kopie des Logbuchs entnehme ich die Koordinaten. Sie lauten: 64 ° 54' S. Der Polarkreis befindet sich nur noch 99 sm entfernt, das sind 183 km.

An Land angekommen folgen wir der gegebenen Empfehlung und besteigen den hinter den Gebäuden liegenden schneebedeckten Berg. Er sei rund 90 m hoch und ende in einer Felsnase, die auf der Rückseite nahezu senkrecht abfällt. Vorsicht sei deshalb auf dem Gipfel geboten.

Der tiefe und vom Sonneneinfall nasse und schwere Schnee macht allen, die wie wir nach oben streben, mächtig zu schaffen. Das steile Gelände erfordert mehrere Pausen und, obwohl ich den dicken Pullover auf dem Schiff ließ, erreiche ich völlig durchgeweicht die von der Sonne schneefrei geleckte Felskuppe. „Der Blick vom Gipfel ist atemberaubend!" Dieser Ankündigung des Tagesprogramms ist nichts hinzuzufügen.

Nach den letzten Schritten fällt der Blick zuerst hinüber zum Bryde Island, das die Einfahrt in die Paradise Bay flankiert. Dahinter, im Westen, liegen jetzt die Berge von Anvers Island frei. Die Wolkenfetzen der frühen Morgenstunden sind verschwunden. Majestätische ragt der Mt. Français vor mir auf, der mit 2.821 m höchste Gipfel des vorgelagerten Palmerarchipels. Unter mir driftet die MS Vistamar im sicheren Abstand zu den Eisbergen und der Bruchkante, an die der Bootsführer vor kurzem das Zodiac vorbeisteuerte. Im Osten breitet sich das gewaltige Gebirgsmassiv der Antarktischen Halbinsel aus. Ursprünglich und unverfälscht liegt es vor mir, wenn ich einmal von den winzigen roten Punkten der chilenischen Station absehe, die aus dem Eis hervorstechen.

Hinter dieser Bergkette erstreckt sich die Unendlichkeit der flachen antarktischen Eisplatte bis zum Südpol und von dort weiter bis zu ihrem Ende auf der australischen, indischen oder afrikanischen Seite, durchschnittlich 2.000 bis 3.000 m dick und nur von wenigen Gebirgsrücken durchbrochen.

Hinter dieser Bergkette führte auch die Route der „Transantarctica" vorbei – eines der abenteuerlichsten Unterfangen in der jungen, von Menschen geschriebenen Geschichte der Millionen Jahre alten Antarktis.

Im antarktischen Sommer 1989/90 fanden zur gleichen Zeit zwei Expeditionen großer Abenteurer statt.

Die „Transantarctica" begann auf der Nordspitze der Antarktischen Halbinsel, führte am Vinson Massiv entlang, mit 4.897 m die höchste Erhebung des Südlandes, weiter zum Südpol, von dort zum Geomagnetischen Pol und nochmals weiter bis nach Mirnyi an der Küste im Wilhelm II. Land.

Will Steger, ein Amerikaner, und Jean-Louis Etienne, ein Franzose, bewältigten die 6.400 km lange Strecke mit drei Hundeschlitten, vier weiteren Teilnehmern und zwölf von Dritten eingerichteten Camps.

Zur gleichen Zeit querten Reinhold Messner und Arved Fuchs zu Fuß Antarktika. Sie starteten die als „Antarktik-Transversale" bezeichnete Expedition an der Steilküste des Ronne-Schelfeises in der Weddellsee, liefen zum Südpol und weiter insgesamt 2.800 km bis McMurdo im Rossmeer. Auch für sie wurden von Dritten mehrere Camps als Nachschubbasen ausgestattet.

Was für aberwitzige Abenteuer, mit denen die Fähigkeit und Ausdauer der Menschen unter Beweis gestellt werden sollten. In den Berichten der Abenteurer spielen die erlittenen Schmerzen und die Auseinandersetzung mit der Natur eine große Rolle. Sie schildern kilometerlange Schneeverwehungen, deren Wellen zu scharfkantigem Eis erstarrten. Die Überquerung dieser Eisbuckel brachte in der einen Gruppe die Huskys, in der anderen die vor die Schlitten gespannten Menschen an den Rand der Erschöpfung und des Wahnsinns. Gletscherspalten stellten bei schlechter Sicht tödliche Fallen dar. Temperaturen von −15 ° bis −30 ° wurden als üblich und noch angenehm bezeichnet, Stürme mit Windgeschwindigkeiten von 150 km und einhergehende Temperaturabfälle auf −50 ° als die Hölle. Aufgeplatzte Blasen, blutig gelaufene Zehen und wunde Fußsohlen machten jeden Schritt zur Qual, und das einhundert Tage lang.

Der erbrachten Leistung der beiden Teams gebührt Bewunderung. Allerdings konnten diese Durchquerungen nur Dank einer ausgeklügelten Logistik und umfangreicher technischer Hilfen zum guten Ende geführt werden.

Der Aufstieg auf die Felsnase von Almirante Brown nimmt sich dagegen wie ein Spaziergang aus. Vom Südpol sind wir hier noch 2.790 km entfernt. Und die sommerlichen Temperaturen, die um den Gefrierpunkt schwanken, lassen nichts von den extremen Minusgraden im Inneren des sechsten Kontinents erahnen. Im November und Dezember geht die Sonne nicht unter. Heute wird die Nacht gerade vier Stunden lang sein. Im Juni und Juli wird es dagegen nicht Tag. Der Vergleich macht klar, dass wir uns auf dieser Reise nur am Rande der Antarktis bewegen. Ein weiteres Vordringen auf diesem Teil der Erde verhindern die Kälte und der die Antarktis umgebende Eisgürtel. Die Lage der Erde zur Sonne und die dadurch milderen Temperaturen im Norden ermöglichen in der Arktis Fahrten zur Packeisgrenze bei Spitzbergen – und damit eine Annäherung an den Nordpol bis etwa auf 1.000 bis 1.100 km. Im Süden muss man mit der Annäherung an den Polarkreis zufrieden sein.

Wir nutzen die zur Verfügung stehende kostbare Zeit bis zur letzten Sekunde. Dann genießen wir noch einmal den Rundblick über diese wunderschöne und heute sehr friedliche Bucht.

Auf dem Rückweg zur Forschungsstation machen wir eine eigenartige Beobachtung. Ein nahes Schneefeld ist rot eingefärbt, als wäre es mit Blut besudelt. Zuerst denke ich an eine optische Täuschung. Aber der rote Teppich ändert sein Aussehen nicht, von welcher Seite er auch betrachtet wird. Uli, Meeresbiologe und Lektor auf dieser Reise, der am Bootssteg der Station wartet, löst das Rätsel. Die rote Färbung des Schnees rührt von Algen, die im Schnee leben und ihn mit ihrem roten Farbstoff tränken.

Mit einem Gefühl des Glücks und der Zufriedenheit verlassen wir Almirante Brown und damit den sechsten Kontinent.

Die Station ist nicht besetzt. Kein Land unterhält auf und in der Nähe der Antarktischen Halbinsel so viele Stationen wie Argentinien. Das Land will seine Besitzansprüche deutlich machen. Aber es fehlt an Geld, die Stützpunkte zu unterhalten, und im Ernstfalle an der Macht, die Ansprüche zu sichern. So wird das ganze Gehabe schlicht zur Farce.

„Rote Pinguine" im Zodiac

Vor der Rückkehr zum Schiff umfahren wir mit dem Zodiac die Felsnase, von der wir eben herunter gekommen sind. Blauaugenkormorane nisten in den steilen Wänden. Einige Klippen in der Nähe der

Brutkolonie schimmern grünblau. Kupfererze verwittern dort und bilden die Mineralien Malachit und Azurit aus. Ihre leuchtenden Farben wecken Begehrlichkeit. Noch gilt das Abkommen, die weitgehende Unberührtheit der Antarktis zu erhalten. Hoffentlich halten sich die mächtigen Nationen noch lange daran.

Am späten Nachmittag verlässt die MS Vistamar die Paradise Bay. In der Gerlachestraße nimmt sie Fahrt auf, schlägt Nordkurs ein und steuert den 430 km entfernten Antarctic Sound an. Wie zum Abschied springt ein Buckelwal hoch aus dem Wasser. Erwartungsvoll beobachten wir die Stelle auf der Steuerbordseite voraus. Dann wiederholt der Riese sein artistisches Kunststück. Bevor er eintaucht, winkt er spielerisch mit der Seitenflosse. Der Rücken seines Partners taucht auf. Dieser hebt, als wäre die Show bestellt, zum Abschied die Fluke und gleitet sanft in die Tiefe.

Gefährliches Eis

13. Januar

Zirruswolken kündigten bereits gestern am Abend einen Umschwung des Wetters an. Die geschlossene und dunkle Wolkendecke lässt das Schlimmste befürchten. Der anfangs schwache Wind frischt rasch auf. NW 6 lese ich. Die See bleibt jedoch mäßig. Der Palmerarchipel und die Südshetlandinseln verkürzen ihren Anlauf.

Ich nutze die Zeit zum Lesen und für Notizen. Miriam, meine Schwiegertochter, steckte mir vor der Abreise ein Fläschchen Williams Christ zu. Ich genehmige mir einen Schluck. „Ein Tröpfchen guten Geistes kann in eingebungsschwachen Momenten die Gedanken angenehm verflüssigen". So der Begleittext. Danke für die Idee, die mich sogleich beflügelt.

Das Signalhorn unseres Schiffes und die Antwort eines anderen lassen aufhorchen. In der Höhe von Trinity-Island begegnen wir einem Forschungsschiff. Kurze Zeit später erreicht die MS Vistamar wieder die Bransfieldstraße, die sie vor zwei Tagen in entgegen gesetzter Richtung befuhr. Jetzt schlägt sie Kurs Ost-Nordost ein.

Mit jeder Seemeile, die das Schiff vorankommt, nimmt die Anzahl und Größe der Eisberge zu. Ganze Formationen umringen das Schiff. Der Offizier am Ruder hat alle Hände voll zu tun. Die Sicherheit des Schiffes und der Passagiere müssen mit den Erwartungen auf außergewöhnliche Eindrücke und der Vorfreude auf spektakuläre Bilder in Einklang gebracht werden. Noch ist nicht bekannt, wie weit die MS Vistamar in den Antarctic Sound vordringen kann. In der Hope Bay, an der nördlichsten Spitze der Antarktischen Halbinsel, soll angelandet werden. Erneut wird der Expeditionscharakter der Fahrt deutlich.

Die Meeresstraße trennt das Festland von den Inseln Johnville, Dundee und Paulet. Sie stellt gleichzeitig die Verbindung zwischen der Bransfieldstraße und der Weddellsee her. Diese ist im Süden zu etwa einem Drittel ganzjährig vom so genannten Ronne-Schelfeis bedeckt, im Winter gänzlich zugefroren und in milden Sommern, wie

46

in diesem, im nördlichen Teil offen. Riesige Tafeln brechen von diesem Schelfeis ab, 50 bis 60 m hoch mit einem Tiefgang von 100 bis 250 m. Diese Ungetüme werden vom Ostwind, der ganzjährig um die gesamte Antarktis bläst, nach Westen zur Antarktischen Halbinsel und anschließend durch den Antarctic Sound oder nördlich an den genannten Inseln vorbei zuerst in die Bransfieldstraße und dann weiter in die Drakepassage getrieben. Die dort herrschenden westlichen Winde drücken das schwimmende Eis nach Norden ab, oft bis zu den Falklandinseln und in den südlichen Atlantik. Jede Fahrt in dieser Region, gleich ob auf einem Expeditionsschiff oder auf einem für das Eis zugelassenen Kreuzfahrer, birgt deshalb ständig ungeahnte Gefahren.

Eisberge in der Bransfieldstraße

Tafeleisberg im Antarctic Sound

Antarktika wird von einer bis zu 3.000 m dicken Eisschicht bedeckt. An ihrem Rand, besonders in der Weddellsee und im Rossmeer, gleiten die Eisplatten ins Wasser und bilden das so genannte Schelfeis. Der antarktische Sommer dehnt das Eis. Bruchstellen entstehen und die Gezeiten tragen die abbrechenden riesigen Tafeleisberge hinaus in das Südpolarmeer. Wegen ihres enormen Tiefgangs verhaken sich einige von ihnen in den seichteren Meeresstraßen, wo sie oft Jahre überwintern. Irgendwann beginnen auch sie zu zerbrechen, zu schmelzen und sich langsam auflösen.

Die Situation nimmt nach den Beobachtungen der Forschung dramatische Formen an. Die Megaplatten entsprechen bereits Flächen von mittleren Großstädten. Die Schmelzwasser erhöhen den Meeresspiegel. Die Verdunstung und die daraus folgenden Turbulenzen nehmen weltweit zu. Die Niederschlagsmenge steigt. Stürme häufen sich. Ein sich verstärkender Kreislauf.

Der auffrischende Wind vertrieb die Schlechtwetterfront. Die Sonne taucht die Eiswelt in ihr helles Licht. Das Meer, der Himmel und dazwischen das Eis der Berge schimmern in allen nur denkbaren Blautönen. Das Spiel von Licht und Schatten bringt fantastische Bilder hervor. Fasziniert betrachte ich diese ursprünglichen Gebilde der Natur, die in einer grenzenlos erscheinenden Weite vor meinen Augen dahinschweben. Eisberge mit kantigeren Formen, die von den unendlich vielen Gletschern der Antarktischen Halbinsel abgebrochen waren, mischen sich dazwischen. Die ausgedehnten Eisfelder werden schließlich unübersehbar.

Der Kapitän und die Expeditionsleitung müssen die Absicht aufgeben, die Hope Bay anzulaufen – die Bucht der letzten Hoffnung, in der von einer Rettungsmannschaft 1902 ein Vorratslager eingerichtet worden war. Man befand sich auf der Suche nach dem verschollenen Schweden Nordenskjöld, der auf seiner Expedition auf der Insel Snow Hill in der Weddellsee überwinterte. Er wollte nach Fossilien forschen. Doch das Expeditionsschiff Antarctic wurde, auf dem Weg zu ihm, vom Eis eingeschlossen und zerdrückt. Glückliche Umstände führten ein Jahr später doch noch zur Rettung der verschollenen Expeditionsgruppe durch ein argentinisches Schiff. Der Sund wurde nach der untergegangenen Antarctic benannt.

Fossilien in der Antarktis? In der langen Geschichte unserer Erde bildeten in der Urzeit die Erdmassen zwei Blöcke – einen nördlichen, Laurasia genannt und einen südlichen, Gondwana. Im subtropischen Klima entwickelte sich eine üppige Flora und Fauna. Vor 100 Millionen Jahren zerbrach die Südfläche in die Teile Amerika, Afrika, Indien, Australien und den Südkontinent. Dieser driftete über den Südpol, kam dort zur Ruhe und vereiste. Fossile Farne aus der Urzeit beweisen diese erdgeschichtliche Entwicklung.

King George Island

Schweren Herzens nehmen wir von den fesselnden Eisbergen Abschied. Vielleicht hätte es eine Furt gegeben, die einen Weg zur Anlandung in der Hope Bay eröffnet hätte. Der Kapitän wollte jedoch kein Risiko eingehen. Das Schicksal der Explorer II und die Havarie der Fram sind ihm und den meisten Passagieren noch frisch ins Gedächtnis geschrieben.

Die MS Vistamar dreht auf Nordwestkurs bei. Achtern verschwinden die Eisfelder am Horizont. Das neue Ziel heißt King George Island.

Die gegliederte Küste dieser Insel und ihre Nähe zum südamerikanischen Festland führten dazu, dass in den geschützten Buchten auf der Südostseite zahlreiche Forschungsstationen errichtet wurden. Hier tummeln sich die Länder Brasilien, Peru, Polen, Argentinien, Südkorea, Uruguay, Russland, Chile und China. Alle Standorte bleiben ganzjährig besetzt.

Noch bevor wir in die Antarktis aufbrachen, hörten wir von der Existenz der argentinischen Station Jubany und der chilenischen Station Presidente Eduardo Frei. Hier wurden die Schiffbrüchigen der Explorer II angelandet, die von dem norwegischen Kreuzfahrtschiff MS Nordnorge aus der schweren See am 23. November 2007 geborgen wurden.

Nach der etwa dreistündigen Überquerung der Bransfieldstraße fährt die MS Vistamar in die südlichste Bucht von King George Island ein – in die Maxwell Bay. Der Gebirgszug der Insel ragt über 600 m auf. Das Gelände fällt teils steil, teils sanft zum Meer hin ab. Neugierig blicke ich, wie auch einige andere, über den Bug voraus. Was erwartet uns hier?

Auf der ersten Landzunge zur Rechten sind die Gebäude von Jubany zu erkennen. Die ursprünglich beabsichtigte Anlandung bei den Argentiniern wird nicht durchgeführt. Der Hintergrund: An Bord des Schiffes befinden sich vier russische Studentinnen, die bereits in Punta Arenas zustiegen und für einen Forschungsaufenthalt zur Station

Bellingshausen ausbooten wollen. Eine Flugverbindung in die Antarktis ist schier unbezahlbar. Die vier nutzten die MS Vistamar zur Überfahrt, als wäre sie ein Linienschiff. Die Verhandlungen der Reiseleitung führten zu dem erfreulichen Ergebnis, dass auch allen interessierten Reiseteilnehmern die Ausbootung ermöglicht wird. Es soll das erste Mal sein, dass die Russen Besucher auf ihr Gelände lassen.

Russische Kirche – Stat.ion Bellingshausen

Einer der Lektoren, Uli, erzählte bereits vor einigen Tagen von seinem Kurzbesuch auf dieser Station, während einer seiner früheren Forschungsaufenthalte in der Antarktis. Er hatte nicht zuviel versprochen. Schon bei der Annäherung sehen wir die russische Kirche hoch auf dem Grat hinter den Arbeitsgebäuden. Ein Gotteshaus hätte ich auf dem sechsten Kontinent nicht vermutet. Zwiebeltürme schon gar nicht. Die kleine orthodoxe Kirche wurde ganz aus Holz gebaut, das aus dem Altaigebirge stammt. Ein Pope verrichtet hier seinen Dienst. Ein dichter Bart umhüllt sein Gesicht. Mit leuchtenden Augen führt er die Besucher durch das Innere seines antarktischen Juwels.

Der deutschbaltische Seeoffizier Fabian Gottlieb Thaddäus von Bellingshausen leitete 1820 eine vom Zaren in Auftrag gegebene russische Antarktisexpedition. In deren Verlauf wurde der südliche Kontinent entlang der Eisgrenze vollständig umfahren – jedoch nicht entdeckt. Gesichtet, nicht betreten, wurden die Südshetlandinseln. Die russische Forschungsstation trägt den Namen dieses mutigen Kapitäns.

Ich schließe mich einem Studenten aus Jena an, der bereit ist mit einer Gruppe zur benachbarten Station Frei hinüberzugehen. Auf dem Weg berichtet er von seiner Tätigkeit. Gemeinsam mit anderen betreibt er biologische Studien. Den Kolonien der Skuas gilt das besondere Interesse. Im Kiesbett des Strandes sitzt ein Pärchen inmitten angeschwemmter roter Algen. Sie lassen sich durch die fremden Besucher nicht stören. Ihr dunkles Federkleid lässt sie wuchtiger erscheinen als ihre helleren Artgenossen, die wir südlicher sichteten. Mehrfach in der Woche machen sich die jungen Forscher auf den Weg in die Bergwelt hinter den Stationen und die zahlreichen Buchten, in denen diese großen braunen Raubmöwen nisten und brüten. Natürlich gehört auch die spärliche Vegetation zu ihren Forschungsaufgaben. Diese beschränkt sich auf Flechten und Moose, die wir auch auf anderen Inseln entdeckten, und ähnliche Gewächse.

Die Station Frei besteht aus einer Ansammlung bunter Häuser aus Fertigteilen und Containern, die zu Lagerschuppen, Büros und Unterkünften ausgebaut wurden. Ein Container beherbergt ein Postamt. Kinder spielen auf der derzeit frostfreien und matschigen Schotterstraße. Mehrere chilenische Familien mit etwa dreißig Personen leben auf King George Island, erfahren wir. Steuererleichterungen und finanzielle Zuschüsse bilden den Anreiz. Kinder wurden auf der Station geboren. Daraus leitet die Regierung Chiles ab, dass die Insel chilenisches Staatsgebiet sei. „Auf Jubany spielt sich das Gleiche ab. Auch dort kamen bereits Kinder auf die Welt – auf argentinischem Boden natürlich." Lachend geht der Student weiter. „Vergessen Sie nicht, ein SMS nach Hause zu schicken. Die Chilenen haben hier die einzige Möglichkeit weit und breit geschaffen." Er deutet dabei auf ein Gebäude, das mit Antennen gespickt wurde.

Auf dem Bergrücken oberhalb der Station stehen drei zusammengeschweißte und blau angestrichene Container. Das Kreuz auf dem Dach und eine Glocke weisen sie als Kirche aus – das ältere und katholische Gegenstück zu Bellingshausen.

Einige hundert Meter weiter sind Lichter zu erkennen – die Positionsleuchten einer Rollbahn. Von diesem antarktischen Flugplatz wurden die geretteten Passagiere und die Crew der Explorer II mit Herkules-Maschinen ausgeflogen.

Zurück in der Kabine, hole ich das Handy aus meiner Reisetasche. Noch steht das Schiff auf Reede. Die Einwahl ins chilenische Netz gelingt auf Anhieb. Die Chance, in der Antarktis eine Nachricht senden zu können, muss einfach genutzt werden. Der Reiz einer Karte oder eines Briefes liegt höchstens im Sonderstempel des Schiffes, und auch nur für den, der sich daraus etwas macht. Die Nachricht dürfte frühestens eine Woche nach der Rückkehr des Absenders eintreffen. Das macht sie uninteressant. So gebe ich per SMS ein „Lebenszeichen" an die Familien unserer beiden Kinder. „Grüße aus der AA - Alles o. k. - MaPa"

Ich bin nicht der einzige, der die Möglichkeit zum schnellen Kontakt in die Heimat sucht. Natürlich verfügt das Schiff über eine moderne Anlage zur Kommunikation über Satelliten. Die Radiostation vermittelt Telefonate und Telefaxe – allerdings zu hohen Gebühren, die gescheut werden. Die modernen technischen Mittel haben die Menschen verwöhnt. Alle größeren Hotels der Welt bieten Internetanschluss an. Ein E-Brief ist schnell geschrieben und der Posteingang daheim rasch abgefragt. In der Antarktis muss man auf diesen Komfort verzichten.

Dankbar wird deshalb der Telefonservice der Chilenen aufgegriffen. Das Schiff und seine Passagiere befinden sich immerhin auf einer Kreuzfahrt mit Expeditionscharakter – in nicht ganz ungefährlichen Gewässern. Die unglückseligen Ereignisse bei den vorangegangen Touren machen den Wunsch verständlich, den Daheimgebliebenen beruhigende Zeichen übermitteln zu können.

Während des Abendessens verlässt das Schiff seinen Standort vor den Stationen Russlands und Chiles. Ein letztes Ziel wird in der Antarktis angesteuert, die polnische Station Arctowski in der Admiralty Bay im Nordosten von King George Island. Die Polen nahmen im Verbund mit der damaligen Sowjetunion in den 50-er Jahren in der Antarktis ihre Forschungstätigkeit auf. Wegen ihrer Gastfreundschaft und des interessanten Geländes der Station werden sie häufig angelaufen. Voraussichtlich wird die Landspitze Point Thomas, auf der sich die Forschungseinrichtung befindet, erst spät am Abend bei Sonnenuntergang erreicht. Das mag ein Wermutstropfen für die Fotografen sein. Allerdings würden wir zum Schluss eine Anlandung bei Nacht erleben.

So kommt es auch. Bei Dunkelheit gleitet das Schiff in die Bucht. Das Rasseln der Ankerkette schalt von den Felswänden und Eismassen zurück. Sollte einer der Polen bereits schlafen, würde ihm spätestens jetzt unsere Ankunft signalisiert.

Das Feuer des Leuchtturms war schon von weitem zu erkennen. Jetzt mischt sich der huschende Schein mit der Spiegelung der Außenbeleuchtung der Station auf dem glatten Wasser der Bucht. Die Wolkendecke senkte sich fast bis auf die Dächer der Häuser. Ein gespenstischer Anblick.

Kurz nach Mitternacht setze ich mit der letzten Gruppe über. Bei der Landestelle am Ende der Felsnase drängen sich die „roten Pinguine". Sie schnattern wie die schwarz-weiß gefiederten, die auf den trockenen oberen Stellen nisten. Erfahrungen werden ausgetauscht. Am Ende des steinigen Strandes würden Seeelefanten zu sehen sein. Das will sich keiner entgehen lassen. Der Anmarsch ist mühsam, aber lohnend. Der Bulle wälzt seinen massigen Körper gerade ins Wasser. Nach wenigen Sekunden verschwindet er im Dunkel der Nacht. Zwischen einigen Kühen liegt der einjährige Nachwuchs. Neugierig, womöglich ein bisschen ängstlich wird der nächtliche Besuch beobachtet. Blitzlicht verbietet sich selbstredend. Doch die Aufhellung der Digitalkamera reicht aus, eines der Jungtiere im Bild festzuhalten. Bei den Adeliepinguinen in der Nachbarschaft gelingt dies nicht.

Überall liegen Walknochen. Vor dem Holzhaus beim Landesteg hat man Reste eines Skeletts gestapelt. Die Wirbel und Rippen haben eine beeindruckende Größe, noch mehr die Kieferknochen, die erkennen lassen, wie unvorstellbar weit ein Wal das Maul aufreißen kann.

Die von Gräsern, Flechten und Moosen bedeckte Uferzone nahe bei der Station lohnt leider den Besuch nicht. Die Sicht ist einfach zu schlecht. Dafür genieße ich die friedliche Stille der Nacht. Kein Luftzug weht. Nur die Dünung hebt und senkt das Wasser am Strand mit dem blank geschliffenen Geröll. Eine milde Sommernacht – in der Antarktis!

Die Matrosen Anatoly und Jacobo helfen auch dieses Mal, beim letzten Landgang, wie bei jedem zuvor, über die provisorisch zusammengestellte Brücke zurück ins Zodiac.

Uwe M. unterstützt die beiden. Er ist Kapitän Lotse im Ruhestand. Ein groß gewachsener Seebär mit gepflegtem, grauem Bart. Er nuschelt ein bisschen und ist manchmal schwer zu verstehen. Was er sagt, hat Hand und Fuß. Ein- oder zweimal im Jahr zieht es ihn hinaus auf die See. Als einer der Reiseleiter des Schiffes nimmt er in dieser Saison an zwei Kreuzfahrten in die Antarktis hintereinander teil. Bei seiner Führung auf der Brücke konnte ich viel lernen.

Als Haudegen wird eine männliche Spezies bezeichnet – ein erfahrener Krieger, ein Draufgänger. Beatrice G., als Kreuzfahrtdirektorin des Schiffes tituliert, mag mir verzeihen, wenn ich sie damit vergleiche. Pullis mit norwegischen Mustern, rote Halbschuhe, hochgesteckte Haare ohne Kopfbedeckung, auch bei eisigem Wind – das sind ihre Kennzeichen. Bei allen Ausbootungen stand sie gut aufgelegt auf der unteren Plattform der Gangway. Mit festem Unterarmgriff half sie den Passagieren beim Einsteigen in die Zodiacs wie beim Aussteigen. Und das vier Stunden lang, vom ersten bis zum letzten Landgänger. Bei der Frühausbootung um 4 Uhr 30 ebenso, wie heute, beim letzten und späten Landgang, der um 1 Uhr 30 in der Nacht endet. „Sie sind immer auf den Beinen", sage ich anerkennend zu ihr. „Einer muss es ja tun", antwortet sie lakonisch. „Der Nächste". Sie lässt sich nicht beirren.

Ein weiterer Tag voll tiefer Eindrücke geht zu Ende. Irene kam wegen der späten Stunde nicht mit an Land. Mich zieht es zu einem letzten Drink an die Bar im Salon. Der Tischnachbar aus Hamburg schließt sich an. Plaudernd genehmigen wir uns zwei Bier.

Gedanken auf dem Nordkurs

14. Januar

Am frühen Morgen passiert das Schiff das schroff aus dem Meer ragende Elephant Island, die nördlichste der Südshetlandinseln. Unauslöschlich ist mit dieser Insel der Name Ernest Shackeltons verbunden. Er brach 1914 zur ersten Durchquerung der Antarktis auf. Doch dazu kam es nicht. Sein Schiff wurde noch vor der Anlandung vom Eis in der Weddellsee eingeschlossen. Es driftete nordwestlich zur Antarktischen Halbinsel und zerbarst. In den Beibooten erreichte der Abenteurer mit seiner Mannschaft Elephant Island. Dort ließ er zweiundzwanzig seiner Männer zurück und segelte mit fünf weiteren auf einem der hölzernen Boote zum 1.300 km entfernten Südgeorgien. Nach abenteuerlichen einhundertachtundzwanzig Tagen gelang Ernest Shackleton schließlich die Rettung der zurückgelassenen treuen Männer. Was müssen diese ausgehalten haben? Vier Monate in eisiger Kälte auf einem felsigen Eiland am Rande der Antarktis! Vier Monate Robben- und Pinguinfleisch! Vier Monate kein warmes Bett und kein trockenes Zuhause, sondern ein umgedrehtes Boot als Dach über dem Kopf! Ein schier unvorstellbares und bewundernswertes Abenteuer.

Wir erlebten die Expeditionsfahrt in der Antarktis von der angenehmeren Seite.

Das wechselhafte Wetter und das dichte Eis verhinderten zwar die Anlandungen auf Melchior Island, Cuverville Island und in der spektakulären Hope Bay.

Dafür schlug der Kapitän den Weg zu alternativen Buchten, Inseln und Forschungsstationen ein, die den aufgegebenen Zielen in nichts nachstanden.

Wir besuchten Half Moon Island, Yankee Harbour auf Greenwich Island und Deception Island, Gonzales Videla und Almirante Brown in der Paradise Bay, Bellingshausen und Arctowski auf King George

Island und befuhren trotz stärkster Eisdichte den Antarctic Sound bis an die Grenze des Möglichen.

Vier Tage und vier Nächte waren wir vor Ort.
Eine kurze aber eindringliche Zeit:
Die Vielfalt der Antarktis schenkte uns unvergessliche Eindrücke.
Das einzigartige Naturparadies nahm jeden von sich gefangen.
Wir erlebten eine unberührte Welt des Eises, einen Kontinent, für den die Zeit keine Rolle spielt.
Wohltuend empfanden wir die Ruhe, die sich über den Bildern von einmaliger Schönheit ausbreitete.
Absolute Stille lag über allem, wenn der Wind schwieg, nur unterbrochen von dem Knistern des in der wärmenden Sonne sich dehnenden Eises oder dem Grollen der herabstürzenden Brüche.
Gebilde aus Eis, wie von Künstlerhand geschaffen, glitten an uns vorüber – jungfräulich abgebrochen oder schon halb geschmolzen.
Unverfälscht und unzugänglich breitete sich die weiße Wildnis aus.
Schön anzusehen, aber lebensbedrohlich, unnahbar und lebensfeindlich gab sich die Antarktis für uns Menschen.
Ein pralles Leben ermöglicht sie jedoch auf ihren Randbezirken und in ihrem Meeressaum einer angepassten Pflanzen- und Tierwelt.
Angenehm empfanden wir die warmen Sommertage.
Trügerisch ließen sie nichts von der dauerhaften und extremen Kälte und den Stürmen im Inneren der Antarktis spüren.
Trügerisch waren die kurzen Sommernächte in der Nähe des Polarkreises, die nur wenige Monate andauern und dann von langen Nächten und eisiger Kälte abgelöst werden.
Und trügerisch die Wetterlage während unseres Aufenthaltes, denn auch im antarktischen Sommer können stürmische Wetter aufziehen, deren Kräfte die uns bekannten Stärken weit übertreffen.
Von all dem blieben wir verschont. Die Hölle brach nicht über uns herein. Wir durften die Antarktis von ihrer schönsten, ihrer himmlischen Seite genießen.
Glücksgefühle und Zufriedenheit verspürte ich auf dieser Kreuzfahrt, die auch eine Reise der Verinnerlichung war und Stunden der Besinnung schenkte.

Heute ist Montag, der fünfte und letzte Tag in den antarktischen Gewässern. Nichts Besonderes steht auf dem Programm. Die Rückfahrt mit Kurs Nord hat begonnen. Einmal ausschlafen und spät frühstücken nach den prall gefüllten vergangenen Tagen! Das scheint nicht nur unser Wunsch gewesen zu sein.

Die Drakepassage zeigt sich freundlich. Der Sonnenschein färbt das Meer tiefblau. Die vom Wind heran getriebenen Wellen werfen Schaumkronen. Die Position um 7 Uhr: 61 ° S und 57 ° W. Wind 5 NW und See 3 versprechen ruhige Bedingungen. Luft 2 °, Wasser 0 °. Noch sind wir im Polarmeer.

Am Sonnendeck wird Darts gespielt. Zufall schlägt Können! So könnte die Zählweise bezeichnet werden. Ich mache mit. „301" heißt das Spiel. Nach einer halben Stunde lauert jeder der sieben Teilnehmer auf den großen Wurf. Mir fehlen 32 Punkte. Ich bin an der Reihe und werfe; dann noch einmal und noch einmal. „32" zählt Ute, eine der sympathischen Reiseleiterinnen. „Glückwunsch! Gewonnen!" „Schwein gehabt", sage ich. Noch nie hatte ich vorher Darts gespielt. Das verrate ich natürlich nicht.

Am Nachmittag ziehen dichte Wolken auf. Frischer Wind bläst aus Nordwest mit Stärke 6. Die See läuft auf 5 auf. Sturmböen wehen heran, die Stärke 7 bis 9 erreichen. Die Dünung steigt auf 3. Das Schiff stampft schwer. Viele Passagiere ziehen sich in ihre Kabinen zurück. Mehrere Tiefs fegen über unsere Fahrtroute hintereinander hinweg.

Am frühen Abend dreht der Wind auf WSW, später auf SW. Das Schiff gleitet auf den Kämmen. Die Lage entspannt sich etwas. Die Nacht wird ruhiger. Einige kämpfen wieder mit der Seekrankheit. Die meisten, auch wir, werden mit der Lage fertig.

15. Januar

In der Nacht trieb der stürmische Wind das Schiff um 1 ° auf 56 ° W ab. Wind 7 WSW, See 6, Dünung 3 wurde um 7 Uhr im Logbuch notiert. Noch immer schiebt die Brise schräg von achtern das Schiff nach vorn mit einer Abdrift zur Steuerbordseite.

Die geschlossene Wolkendecke reißt am Vormittag auf. Die Sonne kommt zum Vorschein. Ein kurzes Intermezzo. Nirgendwo auf der Erde ändert sich das Wetter so schnell wie in der Drakepassage.

Zum einen trifft der vom Südpol dauerhaft wehende eiskalte Fallwind am Rand der Antarktis mit seiner Ost-West-Drift auf die aus dem pazifischen Raum herandrängenden wärmeren Westwinde. Zum anderen schiebt sich der 0 ° kalte Polarstrom unter die etwa 4 bis 5 ° warmen Gewässer des Pazifiks und des Atlantiks.

Das Zusammentreffen dieser Naturgegebenheiten, die „katabatische Winde" und „antarktische Konvergenz" genannt werden, führt zu einem ständigen Wechsel von guten und schlechten Wetterlagen, die nur im antarktischen Sommer einigermaßen ausgeglichen verlaufen, in den übrigen Monaten von schrecklichen, tage- oder gar wochenlangen Stürmen begleitet sind.

„Die Antarktis ließ die Arktis schmelzen"
Was für eine Überschrift in der Tageszeitung „Die Welt" am 28.9.2007 – provozierend, rätselhaft und doch war.
‚Änderungen der Erdbahn führten vor etwa 18.000 Jahren zu einer erhöhten Sonneneinstrahlung in der Antarktis. Schmelzwasser wurde durch Strömungen in der Tiefsee nach Norden transportiert. Das Ende der Eiszeit wurde eingeläutet – Gletscher begannen auch dort zu schmelzen und die Eisbedeckung der Arktis verringerte sich'. So lauten die Erkenntnisse des Geoforschers Lowell Stott in Los Angeles. Auf meine an Stefan Rahmstorf vom Potsdam Institut für Klimafolgenforschung gerichtete Frage, ob das Präzession genannte Pendeln der Erdachse auch einen Einfluss auf die Erderwärmung haben könnte, kam per E-Mail eine klare Antwort: „Keinen. Die Erdbahn ist derzeit fast kreisrund (ähnlich wie vor 400.000 Jahren). Daher macht die Präzession nichts aus." Er, der weltweit anerkannte Fachmann für das Thema „Erderwärmung", muss es wissen.
Das Oberflächenwasser der Antarktis ist auf Grund des Salzgehaltes schwerer als die oberen Schichten des Südatlantiks. Die Norddrift drückt das Südpolarmeer unter die Wasser des Atlantischen Ozeans und die Strömung treibt dieses Wasser noch heute bis nach Grönland und in die Arktis.

Fest steht, dass der Mensch durch den verursachten hohen Ausstoß an Kohlendioxid zur globalen Erwärmung und zum Klimawandel beiträgt. Wenn das Klima aufgeheizt wird, erhöht sich die Konzentration des Wasserdampfes in der Atmosphäre. Erhöhte Niederschläge sind ebenso die Folge wie das Schmelzen der Gletscher und das Schrumpfen des arktischen und antarktischen Meereises.

Wie weit das Eis der Antarktis bereits zurückgewichen ist, konnten wir auf dieser Expeditionsfahrt nicht erkennen und beurteilen. Dazu fehlte der optische Vergleich. In den Fjorden Südchiles jedoch war der Rückgang der Gletscher nicht zu übersehen. Nur noch wenige reichen bis zum Meeresspiegel hinab. Die meisten haben sich hunderte von Metern zurückgezogen und die vom Eis einst glatt gescheuerten Felshänge liegen frei.

Von Backbord zieht eine graue Wand heran, während auf der Steuerbordseite noch die Sonne scheint. Dann setzt Schneetreiben ein. Dicke Flocken umwirbeln die Decks. Im Nu ist es dunkel, wie nach einem Sonnenuntergang. Der Surf steigt auf 7 bis 8 m an, um nach einer halben Stunde wieder auf 6 bis 5 zurückzugehen. Die Windstärke bleibt konstant bei WSW 7. Der Wind aus achtern hält das Schiff verhältnismäßig stabil.

Zur Mittagszeit ändert der Kapitän den Kurs auf NW, um die starke Abdrift nach Osten auszugleichen. Wieder geht es „bergauf und bergab". Der Bug hebt und senkt sich, das Heck schlingert fürchterlich. Albatrosse, Sturmvögel und andere Raubmöwen ziehen ihre Kreise. Der Surf steigt während des Mittagessens, auf das viele verzichten. Wieder umkreisen drei Tiefdruckwirbel die Drakepassage – das Schiff im Zentrum. Draußen herrscht eine fatale Situation. Der dauerhaft aus dem Pazifik über die Drakepassage wehende Wind treibt die Dünung aus Nordwest heran. Die vom Sturmtief aufgepeitschten Wellen kommen aus Südwest. Das Zusammentreffen mit der steigenden Dünung potenziert den Surf. Die See erreicht Spitzen von 8 bis 9. Teller, Gläser und Bestecke werden scheppernd von einigen Tischen gefegt. Der Kapitän beendet seine Tischzeit und eilt zur Brücke. Zwei seiner Offiziere begleiten ihn aufgeregt. Wir bewahren die Ruhe. Nach zwanzig Minuten scheint alles vorbei zu sein. Wieder öffnet sich der Himmel. Die Sonne kommt erneut zum Vorschein.

Auf den Falklandinseln

16. Januar

Die MS Vistamar nähert sich den Falklandinseln. Luft 10 °, Wasser inzwischen 7 °. Wind 8/7, See 6/5 abfallend. Je näher wir den Inseln kommen, umso mäßiger wird der Wind.

Die Hoffnung auf ruhiges Wetter trügt jedoch. Plötzlich, ohne Ankündigung in den Wolken, zieht ein Sturm mit der Stärke 9 aus NO auf. Ein Schnellboot durchpflügt Gischt spritzend die Wellenkämme und geht längsseits. Der Lotse kommt an Bord. Die beiden Landzungen, die die Einfahrt in die natürliche Bucht von Port Stanley begrenzen, stehen nur 150 m auseinander. Zu eng für eine Passage bei stürmischer See. Das Schiff muss einige Meilen davor auf Reede in Warteposition gehen und Anker werfen.

Die einst unbewohnten Inseln waren im 18. und 19. Jahrhundert Streitobjekt zwischen Engländern, Franzosen und Spaniern. Die Ersten benannten sie nach ihrem Schatzmeister der Marine „Falkland", die Zweiten nach dam Ort „St. Malo", woraus die Dritten „Islas Malvinas" machten. Die Argentinier meinten 1982 die Inseln den Briten entreißen zu können. Blutig wurden sie zurückgeschlagen.

Mit dem Fernglas betrachte ich die Küsten und das Hinterland. Sanfte grüne Hügel sind auszumachen und einige von Felsen durchzogene Höhenrücken. Bäume wachsen im ständig rauen Klima nicht, nur niedrige Sträucher und verschiedene Gräser.

Nach etwas mehr als einer Stunde klärt das Wetter auf. Unter der Führung des Lotsen meistert der Steuermann die Einfahrt in den natürlichen Hafen. Regen peitscht über das Schiff hinweg. Noch einmal muss der Kapitän das Kommando zum Ankern auf Reede geben. Weitere dreißig Minuten vergehen, bis mit dem schwierigen Manöver begonnen werden kann, das Schiff am Schwimmdock von Port Stanley festzumachen. Der Wind zerrt unentwegt an den Leinen, als wolle er das Andocken verhindern. Doch irgendwann sitzt das Schiff am Kai fest.

Von den 2.500 Einwohnern der Inseln leben die meisten in Port Stanley. Ihr Brot verdienen sie mit der Schafzucht und der Fischerei. Einige arbeiten auf den Bohrtürmen im Küstenbereich, um die bescheidenen Erdölvorkommen zu nutzen.

Der Wind bläst einem den Regen beim Landgang ins Gesicht. Die Ross Road, die an der Bucht entlang führende Hauptstraße, ist menschenleer. Ein Pkw kommt entgegen. Ein zweiter überholt uns. Auch Soldaten sind keine zu sehen. Diese wurden hinter den Hügeln und in der Nähe des Flugplatzes kaserniert.

Die einfachen Häuser aus Holz oder Wellblech machen einen ordentlichen Eindruck. In den wenigen Geschäften werden die Lichter angeknipst, in der Hoffnung, dass die Kreuzfahrer Souvenirs erstehen möchten.

Port Stanley: Kathedrale und Walbogen

Die Insulaner pflegen ihre Vorgärten liebevoll. Lupinen, Ginster, Fuchsien und andere stehen im Windschatten von Hecken aus Koniferen – allesamt aus Europa eingeführt, wie auch die wenigen groß gewachsenen Zypressen. Ein Rathaus, eine Bank, ein Postgebäude, ein paar Geschäfte, die Polizeistation, ein Krankenhaus, die Feuerwehr, ein Zeitungsgebäude, eine Radiostation, die Grundschule und die weiterführende Schule, ein Sportfeld, drei Kirchen, eine Tankstelle, zwei Hotels mit Restaurant, mehrere Dutzend Wohnhäuser mit kleinen Gemüsegärten im Hintergrund und das Haus des Gouverneurs – das ist Port Stanley. Kein Kino. Kein Theater. Keine gemütliche Gaststätte. Originell gestaltet ist der Triumphbogen aus den Kieferknochen eines Blauwals im Garten der anglikanischen Kirche. Eine

Art Bistro-Pub entdecken wir zum Schluss, mit einem Einrichtungs-mix aus Neu und Alt, mit Flipperautomaten und einer Dartsscheibe.

Wir kehren ein paar Schritte weiter in die Global Tavern ein – ein Pub, das mehrere Jahrzehnte auf dem Buckel hat. Urgemütlich. Mit alten Fahnen dekoriert, jener der Falklandinseln, dem Union Jack, der walisischen und einer schottischen. Das einheimische Wappen zeigt ein Schaf, darunter eine Bark und den Wahlspruch „Desire The Right". In der Ecke eine Juke Box, aus der Irish-Folk tönt. Hinter dem Tresen ein Regal mit irischem, gälischem und englischem Whiskey. Natürlich auch mit schottischem Whisky. Und auf dem Tresen zwei Zapfhähne.

„Two Guinness, please", rufe ich dem Barkeeper zu. „Vom Fass!", ergänze ich.

„No draft beer, kein Fassbier, tut mir leid."

„Macht nichts."

Er greift zu Henkelgläsern mit Dellenschliff und öffnet zwei Dosen.

„Mit Schaum", bitte ich.

Verrückte Germans, wird er sich wohl denken. Er sollte es selbst einmal mit Schaum probieren. Aber da scheint bei Briten und Iren wohl „Hopfen und Malz verloren". 4 US$ will er für das Pint haben, das sind derzeit rund 3 € für die 0,57 Liter.

Die guten Zeiten der Falklandinseln liegen hundert Jahre zurück. Mit der Eröffnung des Panamakanals blieben von einem Jahr auf das andere die Schiffe, die damit verbundene Arbeit und die erlebnis-hungrigen Matrosen aus.

Ein Bild an der Wand erinnert an diese lebendige Zeit. Port Stanley dämmert heute vor sich hin, erwacht kurz, wenn ein Kreuzfahrtschiff Station macht und schläft nach dessen Abfahrt weiter.

Ein zweites Bild zeigt eine Karte der Inselgruppe mit Motiven vom mittelalterlichen Schoner bis zum Panzerkreuzer. Die Botschaft: Rund zweihundert stolze Schiffe wurden rings um den Archipel ver-senkt – vom Sturm ans Riff geschleudert oder vom Kanonenfeuer der Gegner zerfetzt. Die deutschen Kriegsschiffe Scharnhorst, Gneise-nau, Leipzig und Nürnberg waren 1914 darunter, mit ihnen Vizead-miral Graf von Spee und über 2.000 Offiziere und Matrosen. Als ob die Marine den ersten Weltkrieg hätte für Deutschland im Südatlantik vor den Falklandinseln entscheiden können.

Unwillkürlich muss ich an die Soldaten der Bundeswehr denken. Sie „verteidigen" unser Land und Europa derzeit am Hindukusch in Afghanistan – eine Aussage, die die Vorstellungskraft vieler Menschen übersteigt.

Als einziges Kriegsschiff konnte der kleine Kreuzer Dresden den Weg in die Sicherheit finden. Sie versteckte sich monatelang in den einsamen chilenischen Fjorden und durchlebte ein grauenvolles Schicksal. Winston Churchill, damals Lord der Admiralität und Kriegsminister, gab den Befehl, die Dresden aufzuspüren. Das Prestige der britischen Flotte sollte gewahrt und das deutsche Schiff versenkt werden. Doch das auf keiner Seekarte verzeichnete Versteck blieb unentdeckt. Nur Ureinwohner machten sie ausfindig. Niemand glaubte ihnen. Die Briten sichteten Holzeinschlag. Hier muss die Dresden Brennmaterial gebunkert haben. Sie finden sie nicht.

Nach monatelangem Versteckspiel erreicht ein deutsches Versorgungsschiff, an allen britischen und verbündeten Schiffen vorbei, die Dresden. Mit frischem Proviant und ausreichend Heizmaterial an Bord kann sie ihr Versteck verlassen. Der Durchbruch in den Pazifik gelingt.

Ihr Kommandant rettet die Dresden in eine Bucht von Robinson Crusoe Island vor der Küste Chiles. Die Maschinen sind ruiniert. Eine Weiterfahrt wird unmöglich.

Weitere Wochen vergehen. Dann wird die Dresden von den Briten doch noch aufgespürt und versenkt.

Der Kommandant und die Crew, soweit sie dem Inferno des Untergangs entkommen sind, werden in Chile interniert. Der größte Teil der Mannschaft bleibt nach dem Krieg in diesem Land. Canaris, der Adjutant des Kommandanten und andere kehren nach langen Irrwegen in die Heimat zurück. Canaris wird dort Chef des Auslandsgeheimdienstes.

17. Januar

In der Nacht verlässt die MS Vistamar den Hafen und die Bucht von Port Stanley. Vorbei am Cape Camproke geht die Fahrt von East Falkland auf der Nordroute über den Atlantik zu den West Falklands. Die einigermaßen ruhige See gönnt uns einen tiefen Schlaf.

Um 10 Uhr ankert das Schiff auf Reede in Sichtweite des letzten Ziels dieser Reise, vor Westpoint Island.

Unsere Position: 51 ° 21' S, 60 ° 04' W. Wir befinden uns am nördlichen Rand der „roaring fiftys", jener gefürchteten stürmischen Breitengrade zwischen 50 ° S und 60 ° S, die wir zweimal „genießen" durften. Ungezählten Seefahrern wurden sie zum Verhängnis – aus Unkenntnis über die jahreszeitlich unterschiedlichen extremen Verhältnisse, aus Wagemut, auf Grund von Notsituationen und aus Dummheit. Wir kamen – im südlichen Sommer! – zweimal ungeschoren davon, von einigen Seekranken abgesehen.

Ich lese weiter: Luft 8 °, Wasser 7 °, Wind 7, Surf 5, Luftdruck 986 hPa. Endlich, der Luftdruck steigt. Einigermaßen schönes Wetter darf erwartet werden. Die See, draußen noch ungestüm, verhält sich ruhig rings um den Ankerplatz und der nahen Bucht.

Windfeste Jacken, Kopfbedeckung und trittfeste Schuhe werden empfohlen; die übliche Landausrüstung in diesen Gegenden.

Letzte Ausbootung. Erste Gruppe. Mit dem Zodiac setzen wir über. Am vom Wind geschützten Boxwood Point gehen wir an Land. Magellanpinguine warten am Strand auf die Besucher. Magellangänse pflücken die saftigen Samenstände des niedrigen Grases und schnattern zwischendurch zur Begrüßung.

Der Weg führt hinauf auf den Sattel zwischen dem Black Bog Hill und dem Mt. Ararat, der mit 294 m höchsten Erhebung der Insel. Nach etwas mehr als zwei Kilometer erreichen wir einen Aussichtspunkt. Das Gelände fällt in Sichtweite voraus an der Devil's Nose steil ab. Wir steigen hinunter. Hohes Tussokgras umsteht felsige Klippen, in denen Schwarzbrauenalbatrosse und Rockhopper Pinguine ihre Nester bauten. Sie brüten einträchtig nebeneinander. Die meisten Jungen sind bereits geschlüpft. Einige kleine Pinguine stehen bereits in „Kindergärten" zusammen und die mit grauen Daunen gefiederten jungen Albatrosse recken in ihren Nestern hungrig die Hälse und betteln nach Nahrung bei ihren zurückkommenden Eltern. Kein Streit. Ein bisschen Geschnatter als Erkennungszeichen und als Ausdruck inniger Verbundenheit zwischen den Paaren und den jungen und den erwachsenen Vögeln.

Das Tussokgras ist mannshoch. Ein Trampelpfad führt bis auf zwei Meter an die Gelege heran. Die Albatrosse starten und landen direkt

vor unseren Augen. Der heftige Aufwind hilft ihnen dabei. Beim Anflug stellen sie den Stummelschwanz als Bremshilfe aufrecht. Sie sind
etwas kleiner als die Wanderalbatrosse. Die Spannweite der Flügel
dürfte aber auch bei ihnen zwei Meter überschreiten.

Schwarzbrauenalbatros

Felsenpinguin

Die kleinen Felsenpinguine sind lustig anzusehen. Gelbe Schmuck-
federn stehen in Büscheln rechts und links hinter den Augen ab. Der
Wind spielt mit ihnen und den zu Berg stehenden Federn auf dem
Kopf.

Truthahngeier und Caracaras kreisen im Aufwind hoch über Devil's
Nose. Die Eier und die Küken sind vor ihnen sicher. Die Raubvögel
trauen sich nicht in die Nähe der Albatrosse, die in großer Überzahl
nicht nur ihre eigenen, sondern auch die Nester der Pinguine verteidigen würden.

Auf dem Rückweg kommen uns zwei Landrover entgegen. Am Steuer des einen sitzt Lily und den anderen lenkt Roddy. Die Napiers, beide über achtzig Jahre alt, sind Eigentümer der Insel. Sie fahren einige Gäste, die den bergigen Weg scheuen. Seit Generationen lebt die Familie hier, züchtet Schafe und Rinder, Gänse und Hühner, und kultiviert im Gemüsegarten hinter den Gebäuden der Farm Karotten, Erbsen, Kohl, Kartoffel, Zwiebel und was man sonst in der Küche an Grünzeug liebt.

Einige Kinder und Schwiegerkinder reisten von den Falklands an. Die seltenen Besucher sollen alle bewirtet werden – eine willkommene, kleine Einnahmequelle. Weit über zweihundert Reiseteilnehmer dürften sich zum Landgang entschlossen haben. Vier Hände würden nicht reichen. Mehrere Sorten Kuchen und Plätzchen wurden gebacken. Der Tisch im Speisezimmer biegt sich. Schalen mit Pralinen stehen dazwischen. Schwarzer Tee wird gereicht, englisch, mit Milch und, wenn gewünscht, Zucker. Kaffee steht auch bereit.

Zufrieden plaudernd stehen die Gäste im großen Zimmer und im Garten. Ginster, Lupinen und Fuchsien bilden auch bei den Napiers ein Blütenmeer. Das Haus könnte ebenso in England oder Schottland stehen. My home is my castle. Einfach, aber gemütlich. Von einem weißen Holzzaun umgeben, der auf der einsamen Insel eigentlich nicht gebraucht wird, sondern nur der Zierde dient.

Beim Dank sagen erkundige ich mich, wie oft die Familie Napier von Kreuzfahrern besucht wird.

„Das ist von Jahr zu Jahr sehr unterschiedlich, meint eine der Töchter. Sehen Sie selbst. Das Gästebuch liegt auch für Sie offen."

Unter dem 17. Januar 2008 lese ich den Eintrag „MS Vistamar" und einige Namen mit Dankesworten. Auf der Seite davor steht 27. Dezember 2007 und ebenfalls MS Vistamar mit Namen und Dankesworten. Das war's. In dieser Saison erst zwei Besuche. Auf meine Frage, ob noch weitere Schiffe erwartet werden, schüttelt sie den Kopf.

Morgen werden die beiden Napiers wieder allein sein. Sie führen ein Leben in großer Einsamkeit – in der Natur und mit der Natur. Ihr Wohnhaus und die Farm liegen in einer Senke. Aus Europa eingeführte Bäume schützen die Gebäude gegen den immerwährenden Wind, der meist so stürmisch bläst, dass die wenigen heimischen Gewächse – eine Art Buchsbaum, Sträucher und Stechginster – nicht einmal Mannsgröße erreichen. Keine Wälder. Nur karges Grasland, dessen Mutterboden in höheren Lagen auf Grund der Überweidung vom Regen fortgespült wird. Keine Nachbarn, mit denen man ein Schwätzchen halten könnte. Kein Kramerladen, um noch schnell ein Viertel Butter und einige Scheiben Wurst kaufen zu können. Keine Eckkneipe, die ein Bier ausschenken und ein Schinkenbrot servieren würde. Keine Tageszeitung. Keine vernünftige Verbindung zur Außenwelt. Satellitenschüssel ja. Auch ein Funkgerät. Beide durch einen Generator unter Strom gehalten, der auch für die Beleuchtung, den Betrieb eines Fernsehers und den Antrieb einiger Geräte sorgt. Aber wehe, das Öl geht zu Ende. Oder der Generator streikt. Dann ist es nachts Nacht und obendrein kalt. Denn Holz gibt es auf der Insel nicht. Und der Torf wurde über die Jahre hinweg gestochen und verbrannt.

Von welchem Schlag muss man sein, um hier leben zu können und Freude daran zu haben? Dieser Gedanke kam mir bereits in Port Stanley. Viele entstammen der dritten, vierten oder gar fünften Generation. Alle sind stolze Briten. Die meisten wurden hier geboren. Von den aus dem Empire herbeorderten Soldaten abgesehen, leben die Falklandinsulaner freiwillig hier. Irgendwie sind sie zu bewundern.

Am Nachmittag lässt der Kapitän die Anker lichten. Das Schiff schlägt Westkurs ein. Das Ziel, das Übermorgen erreicht werden soll, ist Punta Arenas – Ausgangspunkt und Endstation der Kreuzfahrt.

Am Abend lädt der Kapitän zum Galaessen ein. Danach ist „Show Time" – lustige Unterhaltung durch Reiseleiter, Lektoren und Crew.

Erinnerungen an den Anfang vom Ende

18. Januar

Der Portugiese Fernao de Magalhaes, in unserer Sprache als Magellan bekannt, war einer der wagemutigsten Seefahrer seiner Zeit. Auf dem Weg um das Kap der Guten Hoffnung stieß er bereits bis Goa und Kerala auf dem Subkontinent Indien vor. Dort erlangte er Kenntnis von den Molukken in der Nähe der Philippinen, die als Ursprungsländer der im Okzident heiß begehrten Gewürze galten. Mit Bewilligung des deutschen Kaisers und spanischen Königs Karl V. brach er auf, um auf dem Westweg die geheim gehaltenen Inseln zu erreichen Mit der geplanten Weltumsegelung wollte er zugleich den Beweis erbringen, dass die Erde eine Kugel und damit rund sei.

Nach einem Zwischenaufenthalt in Brasilien segelte Magellan auf Südkurs entlang der Küste Patagoniens, vorbei am Delta des Rio Gallegos und drehte am Cabo Virgines nach Westen ab. Eine große Bucht tat sich auf. Ein aufkommender Sturm trieb zwei seiner Begleitschiffe weit voraus. Diese entdeckten tief im Inneren der Bucht eine Passage zwischen zwei Landzungen – die Einfahrt zu einer Meerenge. Magellan trug das Ereignis unter dem 21. Oktober 1820 in das Logbuch seines Schiffes ein. Der ersten Bucht folgten weitere. Fast einen Monat dauerte die gefährliche Fahrt durch die von Stürmen und Nebelschwaden heimgesuchte Meerenge zwischen der Südspitze des amerikanischen Festlandes und den südchilenischen Inseln. Dann endlich kam der große Ozean auf der anderen Seite der Welt in Sicht, der sich wie ein Spiegel ausbreitete. Es herrschte Flaute und dem entdeckten Meer wurde der Name Stiller Ozean, Pazifik, gegeben. Die Meeresstraße wurde später nach dem portugiesischen Kapitän Magellanstraße benannt.

Wieder einmal stehe ich auf dem Almeria Deck über dem Bug. Mit dem Fernglas suche ich den Horizont ab. Im Gegensatz zu Magellan weiß ich, wonach ich Ausschau halte. Mich reizt das Erlebnis, Land am Ende des unendlichen Meeres hochkommen zu sehen. Irgendwann ist es dann soweit. Ein dunkler Streifen taucht auf der Steuerbordseite auf. Keiner ruft: „Land in Sicht!" Warum auch? Die Dienst habende Mannschaft auf der Brücke hat die Küste Argentiniens schon längst auf dem Radarschirm im Auge. Ein Stück reicht sie ins Meer. Dann bricht sie ab, am Cabo Virgines.

Einfahrt in die Magellanstraße
Cabo Virgines

Es ist wärmer geworden. Das Thermometer zeigt auf dem Sonnendeck 11 °. Der Luftdruck ist weiter auf 1001 hPa gestiegen. Der Wind bläst steif von vorn mit 6. Die erste Meerenge wirkt wie eine Düse. Trotzdem genießen wir den letzten Tag auf See, rücken die Liegestühle in einer geschützten Ecke in Position und lassen uns von den angenehm warmen Sonnenstrahlen bräunen.

Zwischendurch, auf dem Weg zur Kabine begegne ich Kapitän Mattera. „Kalter Wind!?", sagt er mehr feststellend als fragend im Vorübergehen. Natürlich, für einen Sizilianer sind 11 ° herbstliche Temperaturen.

„Nein, nein!", antworte ich. „Die Sonne ist herrlich warm."

Etwas ungläubig wiegt er den Kopf.

„Die Reise war wunderschön", bemerke ich dankbar zu ihm.

„Ja", meint er. „Aber sehr schwierig."

Er sieht das anders als wir, die erlebnishungrig zuerst die chilenischen Fjorde, dann die Eiswelt der Antarktis und schließlich die schroffen Inseln Falklands in uns aufnahmen. Kapitän Mattera ist auf dem Weg zum Foyer. Das Boot des Lotsen ging längsseits. Er will den Ankömmling begrüßen und persönlich auf die Brücke begleiten.

Auch die Magellanstraße ist nicht frei von Gefahren. Zwei Engstellen sind in der Nacht zu durchfahren und ungezählte Untiefen gilt es zu meiden.

Wieder an Deck kommt auf der Backbordseite die Nordküste Feuerlands in Sicht. Sie fällt nicht so steil ins Meer, wie das von den Stürmen geschliffene südliche Ende Patagoniens. Magellan mag vor vierhundertachtundachtzig Jahren wie ich den Blick abwechselnd nach Norden und Süden und dann wieder voraus gerichtet haben. Die Bohrtürme der chilenischen Explorationsgesellschaft hat es zu seiner Zeit noch nicht gegeben. Diese suchen und fördern Erdöl und Erdgas. Er war auf der Suche nach einer Durchfahrt, nach einem Weg, der ihn zu dem unbekannten Meer auf der anderen Seite der Erdkugel führen sollte, und über dieses hinweg zu den Gewürzinseln.

Am späten Nachmittag blendet das Gegenlicht der schon tief stehenden Sonne. Gelbgold färbt sie die Ufer beidseits der Bucht.

Auf dem Festland lebten einst die Tehuelche. Sie wickelten Felle um ihre Füße, die große Abdrücke im staubigen Boden hinterließen. Patagonien tauften die weißen Siedler das Land, nach dem spanischen Wort Pata, der Fuß.

Die große Insel südlich davon bevölkerten die Selk'nam. Sie selbst nannten sich Onas, was soviel wie „Menschen" bedeutete haben mag. Der Lichtschein ihrer Feuer, an denen sie sich wärmten und in denen sie Fleisch garten, stand Pate für die Namensgebung Feuerlands.

Schräg auf der Steuerbordseite voraus leuchten mehrere Tanks einer Raffinerie im Licht der Sonne silbrig-blau. Die Goldadern sind längst versiegt. Öl und Gas wird jetzt gefördert. Doch die Öllager und Gasvorkommen sollen nicht sehr reichlich sein. Ihr Ende ist abzusehen.

Nur wenige Kilometer weiter tauchen die Umrisse einer alten Estancia auf. So werden die Farmen der Schafbarone bezeichnet. Zwei Namen sind damit verbunden, denen wir morgen in Punta Arenas begegnen werden – Menéndez und Braun. Ihr Ruhm verblasste im Lauf der Jahre. Die Gebäude wirken desolat. Die Geschäfte mit der Wolle und dem Fleisch gehen nicht mehr so gut. Der große Boom der Schafzucht ist längst zu Ende, das Preisniveau tief gefallen.

In der Abenddämmerung passiert die MS Vistamar die Primera Angostura, die Erste Engstelle. Ein Leuchtturm weist dem Schiff den

Weg. Der Lotse und die Offiziere verrichten aufmerksam ihren Dienst. Die voraussichtliche Ankunft im Hafen von Punta Arenas in Chile ist für 5 Uhr morgens geplant – eine Strecke von 4.963 km wird dann zurückgelegt sein, das entspricht 2.680 Seemeilen.

19. Januar

Der letzte Tag in der Ferne am anderen Ende der Welt beginnt freundlich. Noch einmal gehe ich auf das Deck über der Brücke zu meinem Lieblingsplatz an der Reling. Von dort sehe ich den Hafenarbeitern zu, die das Schiff entsorgen und neu beladen. Am Nachmittag läuft die MS Vistamar noch einmal zu einer Fahrt in die Antarktis aus. Das Thermometer zeigt 15 ° C – für Patagonien ein Sommertag. Der Wind steht fast still – die große und angenehme Ausnahme in dieser Region.

Nach dem Frühstück beginnt die Ausschiffung. Bis zum Abflug verbleiben sechs Stunden. Viel Zeit für einen ausgedehnten Besuch der sehenswerten Stationen der Stadt.

Punta Arenas ist die Hauptstadt der Provinz Magallanes im Süden Chiles. Ein Mitte des 19. Jahrhunderts gegründetes Militärlager diente gemeinsam mit einer Strafkolonie dem Schutz der Region. Mit dem Schiffsverkehr durch die Magellanstraße kamen die ersten Händler. Die Dampfschiffe brachten Boomjahre. Ein Hafen wurde gebaut. Walfänger machten Station. Fischereibetriebe ließen sich nieder. Die Schafzucht im Hinterland brauchte Schlachthäuser. Lagerhallen entstanden. Bodenschätze wurden entdeckt – zuerst Steinkohle, dann Erdöl und schließlich Gas. Aus dem „am Sand" errichteten Stützpunkt Punta Arenas wurde eine Stadt.

Von der Terrasse auf dem La Cruz Hill hat man den besten Blick auf das Häusermeer und den Hafen mit der Mole und den ankernden Schiffen, dahinter auf die Magellanstraße, hinüber zur Insel Feuerland und ganz im Süden auf das dort endende amerikanische Festland am Kap der Brunswick Halbinsel, das wir am Abend des 7. Januar passierten.

Die kleinen Privathäuser der Stadtbewohner sind bunt angemalt und einfach, die Straßen schachbrettartig angeordnet und sauber, die

Fenster der Etablissements im Rotlichtviertel vergittert, damit die Freier nicht ohne Bezahlung auf kurzem Weg davoneilen können.

Wie in allen südamerikanischen Städten wird auch in Punta Arenas der zentrale Platz „Plaza des Armas" genannt, Platz der Waffen, des Militärs und der Macht – der Nabel der regionalen Welt.

Auf dem Amtssitz des Gouverneurs weht die Fahne Chiles. Sie wird nur von dem daneben stehenden Turm der Kathedrale überragt. Die Uhr zeigt 10:10 Uhr. Die Reichen der Gründerzeit erbauten rings um den Platz fantastische Villen im prunkvollen französischen und italienischen Stil. Man könnte sie auch als Palais bezeichnen. Die Schafbarone Menéndez und Braun und andere residierten hier. Teilweise werden die Stadthäuser heutzutage zweckentfremdet genutzt – eines beherbergt das Rathaus, ein anderes ein Hotel und die Villa der Sara Braun den Union Club der „feinen" Gesellschaft.

Den Park des Platzes zieren gewaltige Zedern, Zypressen und andere fremdländische Bäume. Sie waren und sind Statussymbol und Ausdruck des Reichtums, denn Schatten sucht in diesen Breitengraden niemand

Im Zentrum steht auf hohem Sockel Hernando de Magallanes, wie Magellan auf Spanisch genannt wird. Mit einnehmender Geste wurde der Seefahrer modelliert, um zum Ausdruck zu bringen, wie er das von Indianern bewohnte Land für seinen Auftraggeber, den König von Spanien, in Besitz nahm. Zu seinen Füßen kauern zwei der Ureinwohner, vom Stamme der Selk'nam und möglicherweise der Tehuelche, nackt wie sie damals waren.

Wir durchstreifen die an den Platz angrenzenden Straßen. Das pompöse Theater, alte Hotels, Restaurants und betagte Geschäftshäuser erinnern auch hier an die Gründerjahre.

Bettina Schulz, eine Chilenin deutscher Abstammung in vierter Generation, begleitet uns durch die Stadt. Nicht ohne Stolz in der Stimme erzählt sie von den einst mächtigen Männer des „goldenen Zeitalters" und den durch sie geschaffenen Sehenswürdigkeiten, die für Punta Arenas ebenso von Bedeutung sind, wie die neue Geldquelle, der Tourismus.

Die anschließende Fahrt führt hinaus zum Institut von Patagonien, einem Freilichtmuseum, vorbei am städtischen Friedhof mit mehreren überdimensionalen Mausoleen der Schafbarone und wieder zurück ins

Zentrum zum ehemaligen Stadtpalast des Mauricio Braun und der Josefina Menéndez, in dem heute das Regionalmuseum untergebracht ist. Die Runde wird zu einer Reise in die Vergangenheit, auf der wir auf Schritt und Tritt den Ureinwohnern begegnen.

Über Jahrtausende lebten die auf dem Festland Patagoniens und im Inneren Feuerlands nomadisierenden Indianer von der Jagd. Die Tehuelche und die Selk'nam kreisten Guanakos ein, trieben sie in die Enge und erlegten sie. Ein oft mühsames Geschäft.

Die Ureinwohner des südamerikanischen Kontinents wärmten ihre Körper mit den Fellen, die sie auch um ihre Füße wickelten. Die lange und dichte Wolle der Guanakos, einer wildlebenden Kleinkamelsart, eignete sich besonders dafür. Sie wurden ebenso wie Robben, Pinguine und andere Vögel gejagt.

Weiße Siedler kamen ins Land. Diese brachten Schafe mit und züchteten große Herden heran, die sie über die Grassteppen trieben. Bald erkannten die Ureinwohner, dass die Schafe für sie eine weitaus leichtere Beute darstellten. Die erbosten Siedler rächten sich und töteten die Indianer.

Die Tehuelche und die Selk'nam standen ihnen im Weg. Aus der Sicht der Weißen mussten sie weichen – nicht nur, weil sie das eine oder andere Schaf als leichte Beute erlegten, sondern weil die Siedler das ganze Land für sich beanspruchten.

Die Sache eskalierte zur Zeit des südamerikanischen Goldrausches. Glücksritter kamen, die das Land umpflügten und nach Gold schürften. Den mühsam ausgewaschenen Goldstaub galt es zu schützen. Sie erschossen willkürlich die ihnen im Weg stehenden „Wilden", in diesem Falle die Haush, die Kaweshkar und die Yámana, die als Kanunomaden jene Gewässer befuhren, an deren Ufern das Eldorado des Südens vermutet wurde. Dabei kannten die Ureinwohner weder das Wort Gold in ihrer Sprache, noch wussten sie von diesem Edelmetall. Im Museum finde ich eine Fotografie aus dem Jahr 1895, auf der ein derartiges Massaker festgehalten wurde.

Die Ureinwohner standen ihnen im Wege. Aus der Sicht der Weißen mussten sie weichen – nicht nur, weil sie sich zur Wehr setzten, sondern weil die Glücksritter das ganze Land für sich beanspruchten.

Keines der alten Völker – weder die Tehuelche und die Selk'nam in den nördlicheren Gebieten, noch die Haush, die Kaweshkar und die Yámana im Süden – hatten eine Überlebenschance. Mit Pfeil und Bogen und Speeren konnten sie nichts gegen die Feuerwaffen der weißen Siedler ausrichten.

Gesichter der Vergangenheit – Selk'nam l., m. und Yámana r.

Die Indianer bildeten keine großen Populationen. Sie lebten in Familienverbänden. Ihre Unterkunft war einfach. Aus den Zweigen junger Bäume und aus Ästen bildeten sie zeltartige Hütten, die sie mit Gras, Laub und Erde abdichteten.

In den Fellen der erjagten Guanakos und Pelzrobben gekleidet schützten sie sich vor der Kälte.

Außer Waffen – Pfeil und Bogen und Speere – kannten sie keine Werkzeuge oder häusliche Gerätschaften. Sie benutzten Steine, die sie durch Aneinanderschlagen zu Faustkeilen formten. Aus Knochen fertigten sie Speerspitzen und Widerhaken. Die Kanunomaden bauten ihre Boote aus Ästen, die sie zu Rahmen banden und mit großen Lagen Rinde umhüllten.

Nachdenklich stimmt die Missionstätigkeit der Mönche des Salesianerordens. Sie predigten von neuen Göttern und Heiligen, zogen den bislang in natürlicher Nacktheit lebenden Menschen Wäsche und Kleider an, versuchten ihnen handwerkliche Fertigkeiten beizubringen und entwöhnten sie von ihrer zwar wenig ausgeprägten, aber doch eigenen und zum Überleben ausreichenden Kultur.

Bettina Schulz gibt sehr sachlich Auskunft über die Geschichte der Ureinwohner. Deren Schicksal sei eben ein Teil der Geschichte Chiles wie auch Argentiniens, meint sie entschuldigend und vergisst nicht darauf hinzuweisen, dass der Volksstamm der Mapuche überlebte. Etwa 400.000 bewohnen die Insel Chiloé und die Umgebung von Puerto Montt an der Westküste Chiles.

Der Kreis schließt sich. Bei der Ankunft am 7. Januar flogen wir mit unserer Maschine vom Atlantik kommend über die Magellanstraße. Gestern befuhren wir sie mit der MS Vistamar. Zur Rechten sahen wir das karge Patagonien, zur Linken den Norden der Insel Feuerland, die mit ihren fruchtbaren Fjorden weit in den Süden reicht – beides die Heimatgebiete der indianischen Ureinwohner. Das weite Land ist heute fast menschenleer. Die Ureinwohner dieses Landstrichs gibt es nicht mehr. Ihre Feuer sind erloschen. Der Anfang der Besiedelung durch die Weißen führte bedauerlicherweise zum Ende dieser Völker.

Um 15:30 Uhr hebt die Maschine der LAN Airlines vom Airport in Punta Arenas ab. Der Flug nach Santiago de Chile wird zu einer Sightseeingtour aus großer Höhe – die chilenischen Fjorde, die südliche Pampa und die schneebedeckte Andenkette mit ihren eingelagerten Seen ziehen stundenlang unter uns vorbei. Erinnerungen an frühere Reisen nach Südamerika werden wach.

Nach einem Zwischenaufenthalt und Wechsel der Maschine fliegen wir mit der LAN Airlines weiter Richtung Heimat.

20. Januar

In der Nacht überqueren wir zuerst Südamerika und anschließend den Atlantik. Nach einer weiteren Zwischenlandung in Madrid treffen wir um 17:30 Uhr nach einer zweiundzwanzigstündigen Reise in Frankfurt am Main ein – eine lange Zeit, um über die großartigen Erlebnisse der vergangenen Wochen nochmals nachzudenken, die schönen Bilder immer wieder vor den geschlossenen Augen wie im Film vorbeiziehen zu lassen und die Eindrücke zu vertiefen.

Ingrid W. Gaa, eine Dokumentarfilmerin, wünschte mir einige Wochen nach der Rückkehr „Viele schöne Momente beim Nachspüren des Erlebten." Ich begann damit bereits im Flugzeug und werde mich noch lange daran erfreuen.

Anhang

Die Reiseroute 2008

So.	06.01.	Flug von Frankfurt/Main über Las Palmas und Sao Paulo nach
Mo.	07.01.	Punta Arenas/Chile Einschiffung auf der MS Vistamar Beginn der Kreuzfahrt: Magellanstraße – Magdalenakanal –
Di.	08.01.	Cockburnkanal – Pazifik – Beaglekanal – Ushuaia/Argentinien
Mi.	09.01.	Kap Hoorn – Drakepassage
Do.	10.01.	Drakepassage – Antarktisches Meer
Fr.	11.01.	Half Moon Island – Greenwich Island/Yankee Harbour – Deception Island/Whalers Bay
Sa.	12.01.	Bransfieldstraße – Gerlachestraße – Paradise Bay/ Gonzales Videla – Almirante Brown
So.	13.01.	Gerlachestraße – Bransfieldstraße – Antarctic Sound – King George Island/Bellingshausen – Arctowski
Mo.	14.01.	Antarktisches Meer – Drakepassage
Di.	15.01.	Drakepassage
Mi.	16.01.	Drakepassage – Falklandinseln – Port Stanley
Do.	17.01.	Südatlantik – Westpoint Island – Südatlantik
Fr.	18.01.	Südatlantik – Magellanstraße
Sa.	19.01.	Magellanstraße – Punta Arenas – Ende der Kreuzfahrt Flug von Punta Arenas über Santiago de Chile und
So.	20.01.	Madrid nach Frankfurt/Main

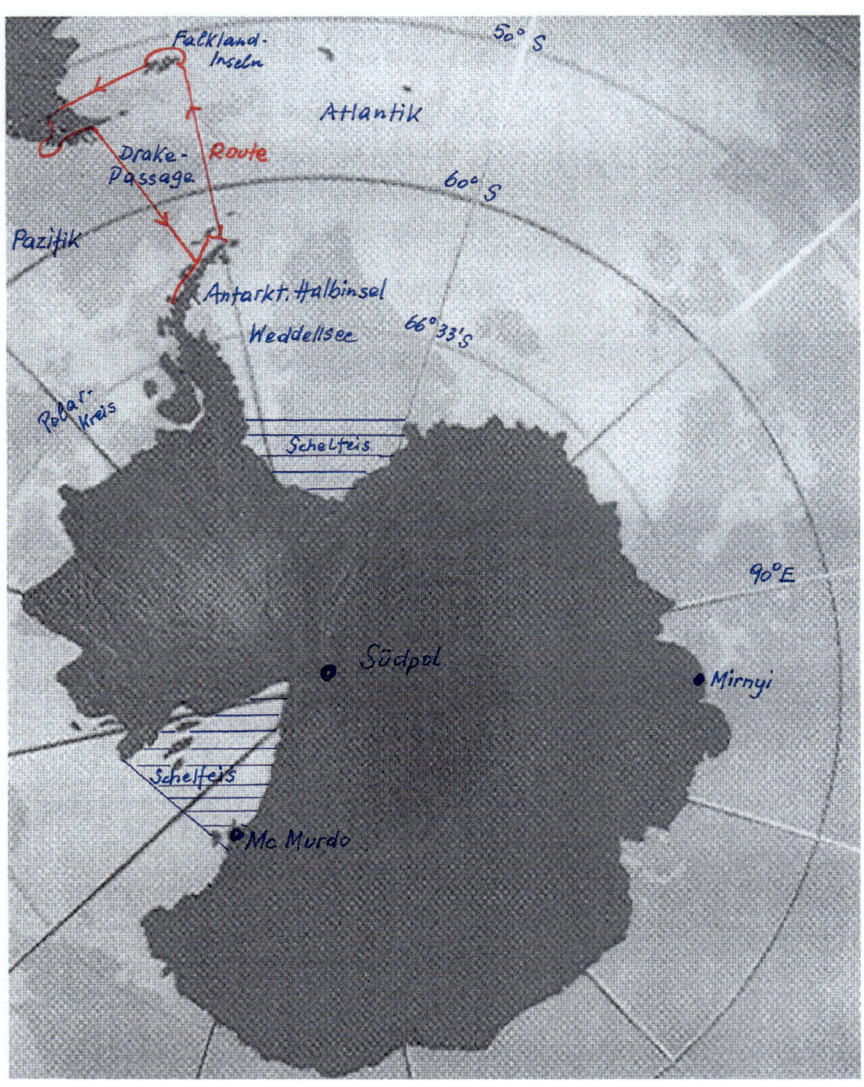

Antarktis und Route der Expeditionsfahrt

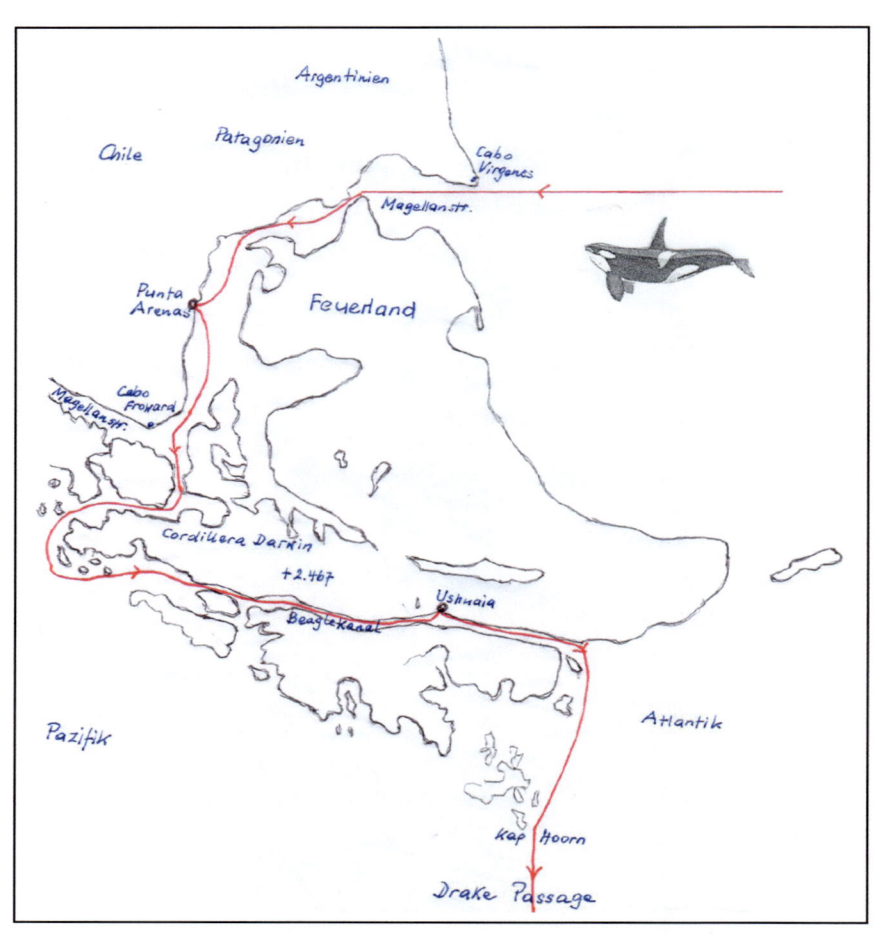

Südspitze Südamerikas
Patagonien – Feuerland – Chilenische Fjorde – Kap Hoorn

Route in der Antarktis
(1) Half Moon Island (2) Yankee Harbour   (3) Deception Island
(4) und (5) Paradise Bay – Gonzales Videla und Almirante Brown
(6) und (7) King George Island – Bellingshausen und Arctowski

World Wide Art
for human rights and peace

Ein Kunstprojekt von Peter v. Krusenstern und Irina Balandina

Krieg, Not und Ungerechtigkeit sind seit jeher ein fester Bestandteil der verschiedenen Völker und Nationen im Weltgeschehen. Wir können die Weilt leider nicht verändern, aber wir möchten mit diesem Projekt ein kleines Zeichen setzen und zum Nachdenken anregen.

Das Friedenswerk der Künstlerin Irina Balandina wurde in 200 Teile zu je 100 x 50 mm geschnitten und auf Trägerplättchen aufgezogen.

Ziel ist, in jedem Land der Erde eines der kleinen „Puzzles" als symbolische Friedensbotschaft an einem markanten Platz abzulegen.

Welchen Weg wird die kleine Friedensbotschaft nehmen, wenn sie gefunden wird? Niemand kann es wissen oder vorhersagen.

Irene und Peter Landgraf waren Friedensboten in Argentinien, der Antarktis und in Chile.

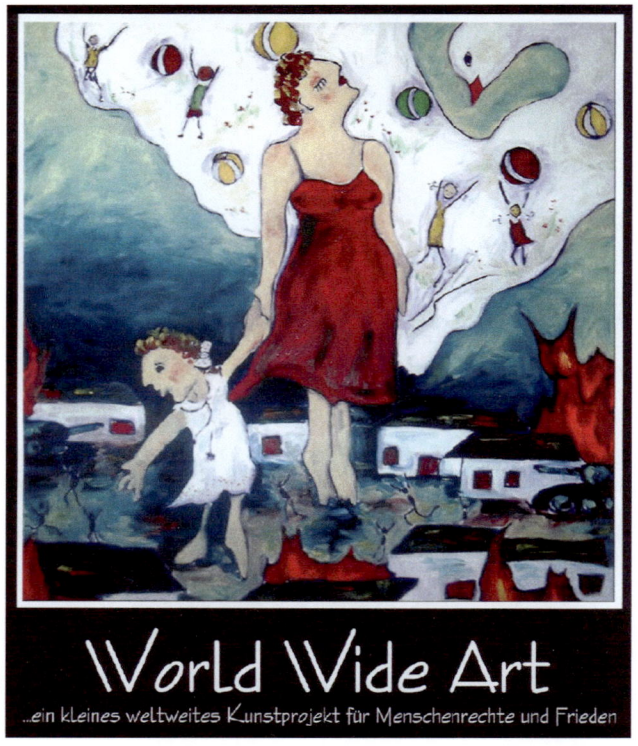

Argentinien – Ushuaia: Teil 131
Friedensbotin: Irene Landgraf

Die schneebedeckten Ausläufer der Anden säumen das argentinische Ushuaia, die südlichste Stadt der Erde am Ende der Welt. Die immergrünen Südbuchenwälder bildeten die Jagdgründe der Yámana und Kaweshkar, die am Beaglekanal und den Küsten Feuerlands als Kanu-Nomaden unterwegs waren. Sie stellten den Robben nach, sammelten Muscheln und fischten in den Fjorden. Die aus der Alten Welt eingetroffenen Siedler bekämpften die Ureinwohner und rotteten sie aus – fast alle!!!
Am Ufer ihrer Jagdgründe im heutigen Nationalpark Tierra del Fuego hängte ich als Friedensbotin das Bildteil Nr. 131 am 8. Januar 2008 um 16:50 Uhr an einen Zweig einer jungen Südbuche.

Antarktis – Deception Island: Spezial-Friedensbotschaft
Friedensbote: Peter Landgraf

Unberührte wilde Natur. Ein Kontinent aus Eis und Schnee. Extreme Kälte. Ewiger Winter, auch im Sommer. Lebensfeindlich für die Menschen. In den Randzonen jedoch Heimat zahlreicher Tiere.
Zu den Menschen sage ich:
Forscht! Aber verzichtet auf den Abbau der Bodenschätze.
Kommt, schaut und geht! Ohne Spuren zu hinterlassen und die Einzigartigkeit und Schönheit der Antarktis zu zerstören.
Nach internationalem Recht ist sie Niemandsland. Im Antarktisvertrag von 1959 verpflichteten sich die großen Mächte der Erde, die Antarktis ausschließlich für friedliche Zwecke zu nutzen.
Im Einvernehmen mit Peter v. Krusenstern präsentierte ich in der Antarktis auf Deception Island vor der alten Walfangstation das Bild von Irina Balandina in Kleinformat als ‚Special part for Antarctica' am 11. Januar 2008 um 18:50 Uhr. Prof. Dr. Georg Kleinschmidt war bereit, als Pate der Aktion das Sonderteil ebenfalls zu präsentieren.
‚Schaue und bewahre die Erinnerung. Nehme nichts mit und lasse nichts zurück.' So lauten die Maximen für die Antarktisbesucher.
Die Präsentation wurde fotografisch mehrfach festgehalten, das Teil jedoch wieder mit zurückgenommen.

Chile – Punta Arenas: Teil 60
Friedensbote: Peter Landgraf

Die Onas, auch Selk'nam genannt, und die Tehuelche lebten einst im tiefen Süden Südamerikas, halbnomadische Indianer, die jagend über die Pampa zogen, durch die Wälder streiften und Guanakos erlegten. Neben Pfeil und Bogen und Speeren benutzten sie auch eine Art Lasso mit Kugeln als Gewicht zum Einfangen der Guanakos, die Boleadoras.

An die großen Abdrücke ihrer in Felle gewickelten Füße erinnert die Bezeichnung Patagonien für diesen Landstrich.

Jenseits der nach dem Seefahrer Magellan benannten Meeresstraße bevölkerten die Onas und Haush den Küstensaum. Ihre Lagerfeuer auf der Insel am anderen Ufer standen Pate für den Namen Feuerland: Am Tag stieg der Rauch über den Wäldern auf, in der Nacht schimmerte ihr Lichtschein über die bewegte See.

Ein Denkmal auf der Plaza des Armas in Punta Arenas, von den Weißen errichtet, erinnert an Magellan und die Ureinwohner. Die dargestellten Eingeborenen wurden fast völlig vernichtet bzw. sind in der Bevölkerung der Weißen aufgegangen. Ihre Feuer sind erloschen.

Zur Erinnerung und Mahnung legte ich als Friedensbote das Bildteil Nr. 60 am 19. Januar 2008 um 10:30 Uhr am Denkmal Magellans auf der Tafel mit seinem Namenszug nieder.

*

Die bebilderten Präsentationen werden auf der Internetseite des Projektes
www.world-wide-art.de
unter den Links Argentinien, Antarktis und Chile gezeigt.

84